JN087298

就職選抜論

鈴木智之 著

人材を選ぶ・採る 科学の最前線

中央経済社

まえがき

　良い人材を選び，採ることが企業の競争力にとって重要なのは言うまでもない。自社に適さない人材を選び，採り続けた企業の人員構成は毎年度歪んでいき，気付かぬうちに少しずつ自社の競争力を削ぎ取っていく。「うちの会社から新サービスが生まれない」「社内の雰囲気が悪く，チーム間での協働がうまくいかない」などの問題は経営管理や人材育成の課題ではなく，実は就職試験における選抜に端を発することが多い。一方で，自社に適した人材を選び，採り続ける企業は毎年度競争力を上げていく。競合他社を凌ぐサービスを生み出し，優秀な人材が集まることで社内の雰囲気が自然と良くなる。

　大学生などの新規学卒者を採用するときには，主に「面接」「適性検査」「エントリーシート」によって選抜を行う。面接，適性検査，エントリーシートというと経営層や人事担当役員の範疇からは外れ，採用担当の実務者のみが関わると思われるかもしれない。確かに，実態として，面接担当者の割り振り，適性検査の商品選定，エントリーシートの質問検討を実際に行っているのは採用担当の実務者であろう。

　しかし，果たして「面接はうまくなされているのだろうか」「適性検査は正しく就職活動生の特性を測定しているのだろうか」「エントリーシートから十分に就職活動生の意欲が読み取れているのだろうか」。これらの質問に自信を持って答えられる採用実務担当者は少ないものである。経営層や人事担当役員は採用実務担当者がしっかりやってくれているものだと信じているようだが，果たしてその信頼通りにできているのだろうか。

　「面接で聞くべき質問を事前に設計して面接を行っている。専門業者から導入実績を聞いた上で適性検査を選んでいる。エントリーシートの質問は自己PR，志望動機など標準的なものを設けている。」といった声が採用実務担当者

からは聞こえてくるが，それで十分なのか，と追及すると不安げな表情をされる方が多い。

　その表情の裏には，「面接で非常に受け答えが良く，入社してからの活躍を期待された大学生が，入社後にすぐにメンタル不調を起こしてしまった」「適性検査で低い成績だった大学生が入社後に非常に高い業績を出していた」「エントリーシートの記述が素晴らしかった大学生が入社後に活躍していなかった」などの人物の顔が浮かんでいる。

　こういった採用実務担当者の不安は，実務レベルの問題だけにとどまらない。実務レベルを越えて，経営レベルにじわじわと影響するから厄介である。費用と時間をかけた選抜活動を行いながら，実は入社後に十分活躍しない人材を毎年度採用している会社に未来がないのは当たり前である。経営層・人事担当役員が社員の働きぶりを見て，競合他社より劣っている人が多いのではないかと気づいても採用してしまった後ではもう遅い。特に，新卒採用が主な人材調達ルートであり，人員解雇へのハードルが高いわが国の企業ではなおさらである。

　図表まえがき-1を見ると，この一つひとつの実務レベルの選抜ミスが経営レベルの問題としていかに大きくなるか，が如実にわかる。元々の就職活動生全体の分布を来年度卒業する大学生とする。これを同図内では「元の分布 a」と呼称する。この元の分布 a を対象にして選抜を行うという意味では，自社も競合他社も出発点は変わらない。変わるのはその後である。

　エントリーシートでの選抜を誤ると，元の分布 a のうち低いゾーンしか次の段階に進まない。エントリーシートでの選抜による合格者に対して適性検査を実施すると，元の分布 a の低ゾーンに対する検査になる。適性検査での選抜を誤るとその低ゾーンの分布のうち，さらに低ゾーンの分布のみが選抜されて，それが次の選抜段階である面接の対象者になる。そして面接でも選抜を誤り，低ゾーンに内定を出すと，最終的には元の分布 a のうちの極めて低ゾーンの左端の社員群が自社に入社することになる。

　つまり，一つひとつの選抜段階の稚拙さが徐々に分布を望ましくない方向に狭めてしまい，最終的な分布ではとても大きな問題に帰結するのである。これが毎年度継続されていることを知らずに，経営層が高い業績を望むのは足元が見えていないと言える。いくら社員に"はっぱ"をかけても，1 on 1 で面談

図表まえがき-1 誤った選抜の蓄積が生む結果

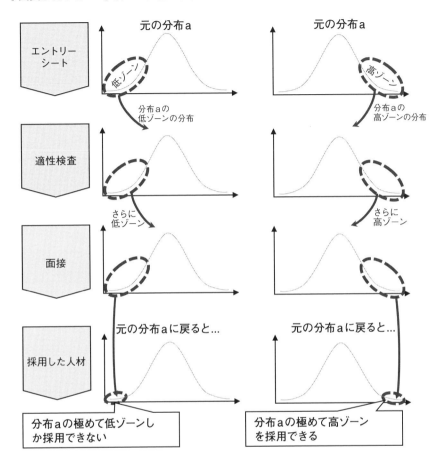

をする時間と制度を設けても響かないのである。足元が緩いのに高みを目指しても無理であろう。

　逆に，一つひとつの選抜がうまく機能して，高いゾーンが毎年度選抜され続けると組織全体の人員構成が整っていく。高い業績を望む足元の準備が出来ているのである。

　本書が論じるのは，この「選抜」を通した経営成果の獲得である。そのため

に，選抜に関する科学理論について国内外の長い学術研究の歴史を紐解きながら最先端のものも紹介する。それとともに，わが国の実在する企業において，その理論を実践して経営成果を獲得した事例も複数紹介する。つまり，理論と実践の両面から選抜を論じるのが本書である。

この「選抜」については，ビジネス書などでも盛んに議論されているため，本書ならではの位置付けを以下に整理しておくことが大事になるであろう。

まず，本書は学術理論だけを論じるものではない。学術理論において「採用・選抜研究」，また，それに近いものに「トランジション研究」という研究分野があり，主に海外で研究がなされている。海外でなされた研究が，わが国にあてはまるのかという外的妥当性の問題があるため，本書では単に海外の研究をなぞって紹介することは行わない。わが国の実態を踏まえた学術理論の構築と解説を行うことで，学術的・理論的貢献を果たす。それだけではなく，学術理論を実際のわが国の企業に用いてみたときにはじめてわかる課題を明らかにし，課題解決を行って経営成果を獲得するところまでを本書の射程にする。

次に，本書はビジネス実践だけを論じるビジネス書ではない。ビジネス書では，ある企業の人事部長などが実際にその会社で行った事例を述べたものがある。しかし，それでは客観性に乏しく，肝心の再現性が得られない。つまり，その会社独自のやり方が読者の会社にあてはまり，同様の経営成果が再現されるかを論じるにはもう一工夫必要なのである。単なる実践結果だけではなく，学術理論とビジネス実践の往還による実践知に昇華しなければ，他の事例での再現性は得られにくい。本書はその往還と実践知への昇華に取り組む。それによって，読者が属する会社で「これならやれる」「やってみよう」と思えるまで議論を展開する。

本書の最大の特徴は，就職試験の本番環境に着眼したときの選抜を理論的・実証的に論じることである。就職試験の全般的な動向を論じた書籍，就職試験の本番に臨んでいる就職活動生ではなく，インターネットモニター調査によって大学生の特徴を論じた論文，大学生から社会人への変容を就職試験の本番環境の議論が不十分なままに論じた書籍・論文などと本書とは，その着眼・立脚点が大きく異なる。

わが国では，新卒採用に関する研究・実践が昨今盛んになされてきている。しかし，人材を選抜する方法の理論と実践について，就職試験の本番環境でのリアリティを持ったデータに依拠して論じられることはほぼない。就職試験の本番環境を模した疑似的なデータや，就職試験とは無関係な時期・対象者をもとに就職活動を推察して論じているものもある。大学生が就職試験を経ずに，自動的に社会人に変容するかのように論じられているものもある。本書はこれらの議論とは明確に立場を異にして，就職試験の本番環境におけるリアルな選抜場面で，今，何が起こっているかを論じ，それをもとに経営成果の獲得に向けた議論を行うものである。

　本書が想定する読者は，経営層・人事担当役員，採用実務担当者，面接者，研究者，就職活動生を含む大学生・大学院生である。
　経営層・人事担当役員は，自社の経営基盤である人材構成が毎年度着々と整えられているのか，それとも逆に衰退しているのかをチェックするための指針としてお使いいただきたい。
　採用実務担当者は，就職試験での選抜についてこれまで抱えていたもやもやとした課題をどう定義し，どう解決すればいいのかを示す道標・ガイドブックとして本書をお読みいただきたい。
　面接者は，自分の好みや属人的な評価がどう生まれるのか，それがどういう問題に帰結するのか，そして何に気を付ければいいのかを体系的に学ぶマニュアルとして本書をお読みいただきたい。
　研究者には，採用・選抜研究，トランジション研究で大きな先行研究の課題となる，就職試験の本番環境での選抜場面に関する研究書として本書をお読みいただきたい。
　就職活動生を含む大学生・大学院生は，企業の人的資源管理の1つとしての採用管理の学術理論と実践事例を学ぶ教科書としてお読みいただきたい。それに加えて，就職試験において採用側が何を狙っているのか，どういう課題に直面しているのかを知ることは自分自身の仕事選びにも役立つ。真偽が不確かな就職活動業界の情報に流されることなく，エントリーシートは何のためになされているのか，適性検査とは何を測定しようとしているのか，面接はどのよう

な仕組みで実施されるのかを知ることで，確かな知識と歩みをもとに就職活動を生き抜いて欲しい。就職試験の裏側を知るというような安易で姑息な考え方ではなく，そもそも就職試験における選抜とは何なのか，そこで何がなされるべきなのか，その上で就職活動生として何をすべきで何をすべきではないのか，を理論的・実践的に考える基盤として本書を読んでいただきたい。

　本書が一助となって，一人ひとりの就職活動生がよりよい就職活動を行えるようになり，かつ，各企業がよりよい人員構成によって経営成果を獲得できるようになることを願っている。

　2022年4月

鈴木　智之

目　次

第6章 面接の実証分析 ——————————————— 155

第 **1** 章

問題意識と目的

　本章では，人材の選抜に関する学術理論と実践の両面を広く俯瞰した上で，本書の問題意識と目的を示す。

1　就職試験の歴史と基礎理論

　就職試験で人材を選抜することは今日に始まったものではない。その歴史は実に長いものである。本節では，就職試験の歴史を概観し，そこで用いられた基礎理論を解説する。

⑴　わが国の就職試験の歴史

　職に就く上で制度として試験がなされたのは，6世紀の中国の科挙が世界で最初であるとされる（宮崎 1987）。科挙の狙いは，門閥に属さずに君主の想いを受けて働く有能な官僚を選抜し，採用することであった。

　わが国の就職試験の起源は飛鳥時代にまでさかのぼる。701年に文武天皇の下で藤原不比等らによって制定された大宝律令の中に「学令」という章があり，そこで「貢挙の制」という就職のための試験制度が導入されたのが最初とされる（天野 2007）。しかしこの制度は，大宝律令から江戸時代までの長きにわたって形骸化していた。

　江戸時代が終わって明治時代になると新たな国造りを行う必要性に迫られた。

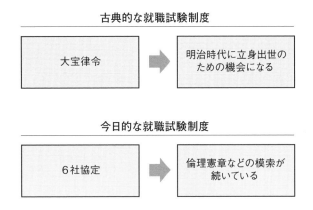

明治20年（1887年）に「文官試験試補及見習規則（勅令第37号）」が公布され,
これによって門閥ではなく能力によって高位高官に採用・選抜される仕組みが
導入された（竹内 1995）。そこから,本格的に就職試験が立身出世のための通
過点としての機能を持つに至った（天野 1986）。

　このように,わが国では,就職試験によって適性のある人物を家柄などに関
係なく本格的に見極めようとし始めたのは,今からわずか約130年前のことで
ある。それまでは士農工商などの制度が用いられてきたが,ついに家の職業が
どうであろうと自分の職業を決定することができるようになったのである。昨
今は国家公務員試験や司法試験などの資格試験に限らず,民間企業の就職試験
に合格しさえすれば新たな社会的地位を自ら獲得できるようになった。

　現代的な就職試験に目を移すと,わが国では1929年の「6社協定」にその端
緒を求めることができる。この6社協定には日本銀行や三井物産などが参加し
た。協定の内容は,大学生を在学中ではなく卒業後に選考すること,かけもち
の応募を禁止することなどであった。就職協定の原型と言うべき取り決めであ
った。その後1950年に朝鮮戦争が勃発して戦争特需からわが国にも好景気が訪
れ,1950年代にわが国の労働力人口が激増した。1950年の労働力人口は3,616
万人であったのに対して,1959年には4,433万人にまで増加した（総務省統計
局 2019）。この1950年代には当時の文部省から,大学が企業からの採用申込を

受理する時期，学生を推薦する時期，就職試験の実施時期が示された。また，就職協定が締結された。

　就職協定は1997年に廃止されたが，経済団体は倫理憲章，大学は申し合わせという形で企業訪問などの期日を設定した。昨今は経団連，政府，大学，個別企業を巻き込んで今日的な環境に適した就職活動のルールに関する模索が行われ，長く続いてきた「ルールを設けること」自体の必要性から議論がなされている。以上のわが国の人材選抜の歴史を**図表1-1**に示した。

(2)　欧米におけるテスト研究の歴史

　わが国の現在の就職試験で用いられる面接や適性検査といった選抜法は欧米におけるテスト研究の影響を強く受けている。そこで欧米におけるテスト研究の歴史を以下に概観する。

　欧米におけるテストの歴史はHogan（2007）に詳しい。そこでは，有史以来の歴史を5つの時期に分けて変遷が述べられている。5つの時期とは「テスト以前期」「準備期」「黎明期」「発展期」「反省・拡大期」である。それぞれの時期の特徴についてHogan（2007）を見ながら筆者によって補足して以下に述べる（**図表1-2**）。

　「テスト以前期」は，有史以来1840年までとされる。紙資源が希少な時代だったため，Paper & Pencil Test（筆記試験）ではなく口述試験が人物評価に用いられていた。例外的にイエズス会の論述試験では，Paper & Pencil Testが用いられたという。つまり，欧米の歴史においては長きにわたって「会って話す」ことによって選抜を行ってきたのである。

　「準備期」は，1840年から1880年とされる。この時期には実験心理学の発展に伴う心理測定への関心の高まりが見られた。さらに，精神障害の弁別性への関心の高まりが見られ，それらがテスト開発の発展へとつながった。1845年には，米国マサチューセッツ州教育委員会が高校卒業試験に多肢選択式の筆記試験を導入した。これが米国における筆記試験の始まりとされることが多い。それまでの試験では伝統的な口述試験を用いていたが，それでは試験官の判断に恣意性が生じてしまうこと，基準が不明確になることなどが課題であった。そこで口述試験に加えて，筆記試験を導入することによって改善しようとしたも

┃ 図表 1-2 ┃ 欧米におけるテスト研究の歴史

テスト以前期	～1840年 紙資源が貴重なために口述試験が原則

準備期	1840～1880年 マサチューセッツ州教育委員会による 筆記試験の導入など

黎明期	1880～1915年 Binetの知的能力研究など

発展期	1915～1965年 パーソナリティ検査，テストの信頼性・ 妥当性に関する盛んな議論

反省・拡大期	1965年～現在 大学入試や法科大学院などの職業に繋が る入試や英語テストなど

のであった。「会って話す」という有史以来長く続いてきた選抜方法の転換期とも言える。

「黎明期」は，1880年から1915年とされる。この時期には，有名な Binet の知的能力に関する研究がローマの国際学術会議で発表された。この Binet の研究は，その後の知的能力研究に非常に大きな影響を与えた。それに続く様々な研究発表がなされたのもこの時期である。知的能力は，今日まで続く科学研究の対象であり，この頃から徐々にテスト研究が本格化し始める。

「発展期」は，1915年から1965年とされる。この時期には知的能力だけでな

4

くパーソナリティにも関心が向けられた。例えば，ビッグファイブ理論の端緒的な研究成果として名高い Allport & Odbert（1936）の研究がなされたのもこの時期であった。この発展期には，テストの信頼性（Reliability）や妥当性（Validity）に関する議論が活発になった。テスト足りうるための要件とは何か，という議論が盛んになされ始めた。この議論は今日まで影響している。例えば，心理測定用の尺度開発を行う際には，学会において信頼性と妥当性を報告することが今日でも求められる。

　現在は，「反省・拡大期」とされる。テスト研究が蓄積されるとともにメタ分析が進められたり，TOEFL などでは項目反応理論という一歩進んだ理論が実装されたりするなど，新たなテスト技術が導入されるに至っている。米国においては大学入試，ロースクール（法科大学院），ビジネススクール（経営大学院），医学部入試などの試験分野ごとに信頼性と妥当性が報告されている。従来のテストについて適宜反省を行いながら，テストの利用範囲を広げているのである。

　これらの職に就くこと（職に繋がる教育機関に進学・所属することを含む）を前提になされる試験は個人の将来に強く影響する，いわゆるハイステークス・テスト（high-stakes test）と呼ばれる試験として位置付けられる。テストがハイステークスであればあるほど，人材の選抜法として求められる要件が厳格になる。つまり，個人の将来の職に強く影響する試験では評価基準が不明確で，評価が恣意的になされるようでは試験としての存立基盤が危ういとの認識の下，欧米ではテストのあり方が積極的に議論されてきたのである（**図表1-3**）。

　わが国の就職試験も，所属する企業とそれに伴う社会的地位を決定するハイステークス・テストである。よって，選抜法として求められる要件が厳格になる。しかし，現状のわが国の就職試験での面接，適性検査，エントリーシートにそれが備わっているだろうか。

　なお，職に直接繋がるわけではないことが多いものの，選抜法としての要件の厳格さが高いテストには TOEFL や TOEIC などの国際的語学試験がある。大学院留学や民間企業における昇格基準の一部として用いられることがあるため，ハイステークス・テストの一部の機能を担っている。TOEFL や TOEIC

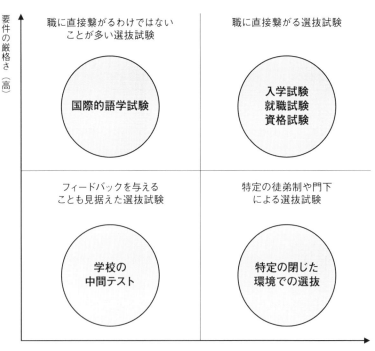

図表1-3 テストによるハイステークスの度合いと要件の厳格さ

要件の厳格さ（高）

職に直接繋がるわけではない
ことが多い選抜試験

国際的語学試験

職に直接繋がる選抜試験

入学試験
就職試験
資格試験

フィードバックを与える
ことも見据えた選抜試験

学校の
中間テスト

特定の徒弟制や門下
による選抜試験

特定の閉じた
環境での選抜

ハイステークス・テストの性質（高）

などは，その得点の信頼性・妥当性についての研究が非常に数多く蓄積されている。

　職に直接繋がるハイステークス・テストであっても，特定の閉じた環境内での選抜（しばしば，師匠－弟子という環境内での選抜）では，選抜法としての要件の厳格さはそれほど求められないことが多い。師匠が弟子を認めるかどうかが重要であり，それが客観的であるかについて問われることは少ない。

　選抜試験にも様々な段階があり，最終的に職を決定する度合いは低いもののその過程として実施される試験がある。学校の中間テストなどがその好例である。その場合，結果によって選抜をする（例えば特進クラスに進級する）という目的もあるが，同時に次の学習に向けたフィードバックを行うという目的もある。このようなテストの場合には選抜法としての要件の厳格さを求めるより

も，次の学習への気づきが得られるような設計が主な関心事になる。

⑶　就職試験の要件構成

　本書が対象にするのは就職試験である。就職試験がハイステークス・テストであり，要件の厳格さが求められるとき，その要件は具体的にどのように定義されるのであろうか。つまり，どのような要件が備われば「良い就職試験の選抜」と言えるのだろうか。

　「いい人材が採れれば良い就職試験である」「業績を生み出す人材が採れれば良い就職試験である」などの回答が思いつくだろう。しかし，それではまだ曖昧な部分が残されており，選抜法として実装するには不十分である。このあたりの曖昧さが，面接などの個別の選抜法と経営成果創出とのギャップを生んでいる大きな要因になっている。

　では，以下に解説していこう。「良い就職試験の選抜とは何か」という，一見難解に思えるこの問いには，2つの観点から答えられる（**図表1-4**）。

　第1の観点は，選抜法の差異にかかわらず，人材の選抜に共通した理論的観点である。古くから心理学およびテスト理論の研究分野において提案されてきた要件である。

　第2の観点は，面接，適性検査，エントリーシートという個別の選抜法の差異を踏まえた，それぞれに固有の理論的観点である。面接は人と人の会話を介して選抜を行う相互作用的過程であるのに対して，エントリーシートや適性検

図表1-4　「良い就職試験の選抜とは何か」という問いへの2つの観点

選抜法に共通した 理論的観点	個別の選抜法に固有の 理論的観点
心理学およびテスト理論で 提案されてきた共通的要件 （第1章）	面接，適性検査，エントリーシート の各々の特徴を踏まえた個別的要件 （第2章）

査はあらかじめ決められた質問に対する被選抜者による回答という一方向の過程である。そして，エントリーシートは自由記述文であり，適性検査は選択型の試験である。このように選抜する内容が大きく異なるのであるから適切な選抜の要件にも個別的な差異が生じる。こちらは心理学やテスト理論をそのまま適用するのではなく，それぞれに固有の論点を踏まえた上で要件を検討しなければならない。そのため，第2の観点の説明は次章に譲り，ここでは第1の観点を以下に説明する。

⑷ 信頼性と妥当性の下位概念

　第1の観点については「信頼性（Reliability）」と「妥当性（Validity）」が該当する。信頼性と妥当性は主に心理学およびテスト理論の領域で古くから用いられてきた概念である。しかし，新規学卒者を対象とした選抜研究では意外なほど知られておらず，研究例も特にわが国では少ない。そこで，信頼性と妥当性の概念について具体例を交えながら以下に説明するところから始めてみよう。

　就職試験は広い意味での「テスト」として捉えられる。日本テスト学会による「テスト規準」（日本テスト学会 2007）によれば「テストとは，能力，学力，性格，行動などの個人や集団の特性を測定するための用具であり，実施方法，採点手続，結果の利用法などが明確に定められているべきものである。したがって，本基準は心理学的なテスト，学力・知識試験はもとより，行動評定，態度評定などの評定手法，調査のほか，構造化された面接，組織的観察記録にも適用され得るものである」と定義されている。就職試験も能力や性格などの個人の特性を測定するための用具であり，具体的な用具として面接，適性検査，エントリーシートなどが該当する。

　同テスト規準「1.10 尺度得点の確からしさの推定と公開」（日本テスト学会 2007）には「開発者は，構成された尺度得点がどの程度安定しているかを，しかるべき統計指標を算出して検討し（この過程を「信頼性の確認」という），その結果を公開すべきである。」，「1.11 尺度得点の適切さの確認」（日本テスト学会 2007）には「開発者は，構成された尺度が測定内容として定義された特性をどの程度適切に測定しているかを多面的に検討し（この過程を「妥当性

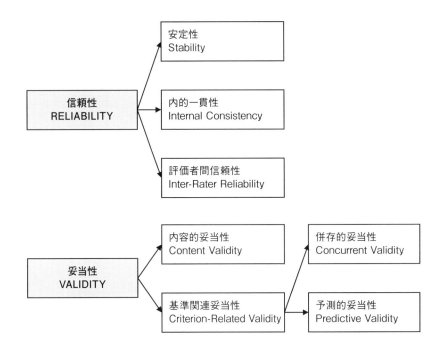

の確認」という），その結果を公開すべきである。」と定義されている。以下に，
信頼性と妥当性について，より詳しくその下位概念を説明する（**図表 1 - 5**）。

ⓐ 信頼性の下位概念

　信頼性の下位概念には①安定性（Stability），②内的一貫性（Internal
Consistency），③評価者間信頼性（Inter-Rater Reliability）がある。

　①安定性は，同じテストを繰り返して実施した場合の回答値間の相関係数な
どによって報告される。同じ回答者に同じテストを 2 回繰り返して実施した場
合に，テスト実施回の間で回答傾向が変化しない場合，安定的に回答者の特性
を測定できるテストとして安定性が高いと判断する。逆に，回答者のその時の
気分や 1 回目のテスト受験による学習効果などによって，同じテストでも実施
回の間で回答値が大きく変化する場合には，安定性が低いと判断する。安定性

は高いほうが望ましい。この下位概念は，質問紙法において主に用いられる。

②内的一貫性は，クロンバックのアルファ係数（Cronbach' α ）などによって報告される。例えば，「外向的である」という特性を測定するための質問項目を考えよう。外向的という特性には「明るい」「人と話すことが好き」「活発である」などの複数の下位概念が含まれ，これらの下位概念のそれぞれを質問項目として，複数の質問項目が「外向的である」という同一の特性に対する質問をしているという意味での一貫性の高さを評価する。「明るい」「人と話すことが好き」「活発である」という複数の質問項目への回答傾向が一貫している場合には，これらの質問項目が同じ特性の測定に向かっていると捉えて，「外向的である」という特性の質問項目間に高い内的一貫性があると判断する。内的一貫性は高いほうが望ましい。この下位概念は，複数の質問項目によって構成される質問紙法において主に用いられる。

③評価者間信頼性は，複数の面接者からの同一被面接者や同一特性への評価値間の相関係数などによって報告される。面接やエントリーシートの自由記述文などに対して複数の人間による評価が介在する場合に，複数の評価者が付した評価値の一致度合いを見る。評価者間信頼性は評価者の差異によって異なる評価を期待・受容する場合を除いて，一般的に高いほうが望ましい。評価者の差異によって異なる評価を期待・受容する場合とは，例えば，ある評価者は人物のある側面（例えば知的能力）を評価し，別の評価者は同じ人物の別の側面（例えば性格特性）を評価することをあらかじめ決めているような設計の面接である。

ⓑ　妥当性の下位概念

妥当性の下位概念には①内容的妥当性（Content Validity），②基準関連妥当性（Criterion - Related Validity）がある。②基準関連妥当性には，さらに②―1併存的妥当性（Concurrent Validity），②―2予測的妥当性（Predictive Validity）がある。

①内容的妥当性は，測定項目によって適切に構成概念が測定されるかを専門家が判断することによって報告される。例えば「外向的である」という特性を測定するための質問項目として「明るい」「自己を主張する」という質問項目

の候補を設けて2名の専門家が判断する場合を考えよう。「明るい」は「外向的である」という構成概念に関連があると専門家の2名どちらも判断した場合には，「明るい」という測定項目は「外向的である」という構成概念に内容的妥当性が高いと判断される。一方で「自己を主張する」は「外向的である」という構成概念に関連があると1名の専門家は判断したが，関連がないと別の1名の専門家が判断した場合には，「自己を主張する」という測定項目は「外向的である」という構成概念に内容的妥当性が高くないと判断される。内容的妥当性は高いほうが望ましい。この下位概念は，複数の質問項目によって構成される質問紙法において主に用いられる。

　②基準関連妥当性は，テストの対象となる測定項目と他の外部変数との相関係数などによって報告される。このうち②—1併存的妥当性は，テストの対象となる測定項目と同一または類似の構成概念に関する別のテストの測定項目との関連によって当該テスト項目が構成概念を適切に測定しているかどうかを評価する。例えば，ある適性検査の5個の質問項目を用いて「外向的である」ことを測定したい場合に，その5個が本当に外向的であることを測定できているかどうかを別の適性検査の「外向的である」ことを測定する質問項目との相関係数によって検討する場合である。併存的妥当性は高いほうが望ましい。

　②—2予測的妥当性は，テストの対象となる測定項目とは異なる構成概念を用いた時間的経過を伴う外部変数が設けられて両変数の関連によって報告され

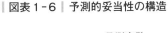

‖図表1-6‖　予測的妥当性の構造

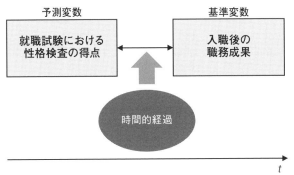

る。例えば，大学生時点の就職試験で性格検査を行う場合，その性格検査の得点を予測変数，販売成績などの入職後の職務成果を外部変数（基準変数）とした上で，予測変数と基準変数との関連を検討する場合である（**図表 1-6**）。予測的妥当性は高いほうが望ましい。

⑸　就職試験と信頼性

　ここで人材選抜の歴史にもう一度戻ってみよう。

　中国で古くから実施されてきた科挙の試験内容は，実施時期によってやや変化があるものの概ね四書五経などの暗記問題が中心であったため，正解はほぼ一意に決定される。このような場合には評価者によって正解が変わることがほぼないため，評価者間信頼性は問題にならない。

　その後，評価者間信頼性の問題が人材選抜の歴史上に出現することになった。上述した通り，米国における筆記試験の始まりとなった1845年のマサチューセッツ州教育委員会における高校卒業試験への多肢選択式の筆記試験導入という試験改革の契機は，従来の面接試験における面接者の属人的な評価による恣意性をいかに排除するかという問題解決を狙ったものであった。評価者による評価のばらつきの抑制，つまり評価者間信頼性を想定して筆記試験導入に踏み切ったのであった。

　この「筆記試験か，それとも面接か」という問題は形を変えて今日まで続いている。例えば，今日のわが国の大学入学試験制度にもその問題は見て取れる。従来の大学入試センター試験に替わる「大学入学共通テスト」導入にあたって，自由記述式の問題への採点が議論になったことは記憶に新しい。従来の大学入試センター試験のようにマークシートで回答を求める方式とは異なり，受験者が問題に対して文章を自由に記述する場合の評価方法が大きな議論を呼んだ。大学入学共通テストに関する調査結果では，自由記述への採点の信頼性に不安が残されていることが報告された（大学入試センター 2018）。これは自由に記述された文章に対する評価者間信頼性をいかに確保するか，という論点として定式化されるものである。

　大学入学共通テストの自由記述式の問題については，信頼性を高めるための明確な採点基準の構成，複数の採点者の相互チェックなどを含む作題・採点管

理体制の整備が不可欠であるという指摘がなされた（大塚 2018）が，議論の結果，2021年7月に大学入学共通テストにおいては自由記述式の問題は結局採用しない方向で進められることが報道された。

1845年に米国で始まった「筆記試験か，それとも面接か」という問題は，今日のわが国において「選択式か，それとも自由記述式か」という形になって残存しているのである。マークシートによって試験を実施すると評価者間信頼性の問題は生じないが，そこで測定される能力は暗記によるものに限定されてしまう。そこで，自由記述式によって試験を構成すると多元的な能力把握が期待できるが，評価者間信頼性の問題が生じてしまう，ということである。この評価者間信頼性の問題については歴史が繰り返されている（**図表1-7**）。

わが国の高大接続答申（中央教育審議会 2014）によれば，「入学者に求めら

｜図表1-7｜ 歴史が繰り返される信頼性問題

米国における試験改革

面接試験
面接者の属人的な評価による恣意性

筆記での多肢選択型試験
評価者間信頼性の問題解決

日本の大学入試共通テストの議論

マークシート方式の筆記試験
評価者間信頼性の問題は生じないが多元的な能力把握への疑問

自由記述形式の筆記試験
評価者間信頼性の問題が再びクローズアップされた

れる能力を「公正」に評価し選抜する方法へと意識を転換し，アドミッション・ポリシーに示した基準・方法に基づく多元的な評価の妥当性・信頼性を高め，説明責任を果たしていく必要がある」と述べられている。しかし，その理想の実現にはこのような歴史的問題を内包している，ということである。

本書が対象にするのは大学入試ではなく新規学卒者を対象にした就職試験における人材選抜であるが，「筆記試験か，それとも面接か」「選択式か，それとも自由記述式か」という問題は新規学卒者の就職試験における人材選抜にもそのままあてはまる（図表1-8）。

新規学卒者を対象にした就職試験では面接が実施される。面接では複数の面接者が設けられることが一般的であり，面接者間の一致性すなわち評価者間信頼性の問題が生じる。面接者の属人的で恣意的な評価が生じてしまうことを懸念して筆記試験を参考資料に用いることも多い。就職試験における筆記試験とは，エントリーシートの自由記述文による選抜，能力検査と性格検査から構成される適性検査による選抜である。

エントリーシートには現在の受験企業や志望業界などを選択式で回答させる

│ 図表1-8 │ 就職試験における信頼性・妥当性の問題

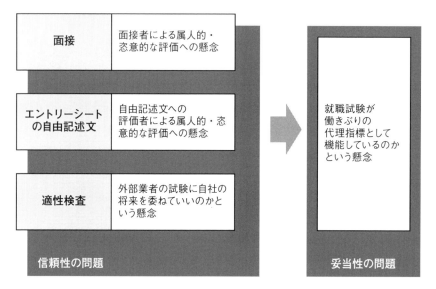

箇所があるが，これら以外に自由記述式のいわゆる３大質問がある。自己PR，志望動機，学生時代に力を入れたこと（就職活動業界ではしばしば「ガクチカ」と略される）の３つである。自由記述式の部分については大学入学共通テストで指摘された問題がつきまとう。

　適性試験は外部業者が販売する市販製品が用いられることが多い。面接や自由記述文とは異なり，評価者間信頼性の問題は該当しないが，一般市販製品にわが社の将来を担う人材の選抜を委ねていいのかという疑問が頭をかすめる。

　つまり，新規学卒者の就職試験における人材選抜でも，古典的な「筆記試験か，それとも面接か」「選択式か，それとも自由記述式か」という問題は消えていないのである。

⑹　就職試験と妥当性

　妥当性が問題になるのは，就職試験における人材選抜が将来の成績の代理指標となる場合である。例えば，科挙では官吏としての働きぶりが関心になった。法科大学院入試では入学後の成績，司法試験の合格率，法曹専門職としての働きぶりなどが関心になった。法曹専門職としての働きぶりが芳しくない人の法科大学院入試の成績が良い場合には，大学院に入学した後の学修態度が悪かったのか，それとも大学院入試がその人の法曹専門職としての適性を正しく測定できていなかったのかが気になるところであり，後者の測定論上の問題を取り上げるのが妥当性の概念である。

　新規学卒者の就職試験も，将来の成績の代理指標として面接成績などが付されている。つまり，就職試験では受験者の能力や適性そのものの測定に究極的な関心はない（高橋 2014）のである。就職試験の実施者である民間企業の関心は，大学生としての能力・適性の高低ではなく職業人としての能力・適性や成果を生み出す可能性にある。いくら大学で良い成績であり，大学という閉鎖的環境の枠内で優秀であっても，それが職業人としての成果に繋がると認められなければ就職試験においては評価されない。

　未入職の大学生については職業人としての働きぶりは当然評価できないため，代理変数として就職試験での面接成績などを測定して，それを職業人としての働きぶりを予測するために用いている。このような場合に就職試験時の成績を

予測変数とし，入職後の職務成果を外部変数として，それらの関連を検討するのである。

わが国の新規学卒者を対象にした就職試験の面接，適性検査，エントリーシートについての予測的妥当性研究は実はほぼ進んでいない。つまり，将来の働きぶりと関連するかどうかが不確かな人材選抜が毎年度繰り返されている可能性もある（図表1-8）。

2　わが国の就職試験の課題

広く人材選抜の歴史と基礎理論を概観した前節の内容を踏まえて，本節では，新規学卒者向けの就職試験に焦点をあてる。

⑴　新規学卒者向けの就職試験の方法

新規学卒者向けの就職試験は一般的に，ウェブサイトへの登録，会社説明会への参加，エントリーシートによる書類選抜，筆記試験，面接によって実施される（労働政策研究・研修機構 2007；苅谷・本田 2010など）。このうち，応募者の選抜場面となるのは主にエントリーシート，筆記試験，面接である。

わが国では，大学生の特定の時期に就職活動が集中的になされるという特徴がある。いわゆる一時期一斉採用という採用慣行である。大学3年生の夏にインターンシップに参加し，大学3年生の秋・冬から就職活動が実質的に本格化して，大学4年生の春・夏にエントリーシートによる書類選抜，筆記試験（適性検査），面接がなされて内定に至ることが一般的である。

一時期に応募者が集中することから，採用側が面接できる応募者数は必然的に限られる。そこで，事前の絞り込みを企図してエントリーシートによる書類選抜を行う。そのため，面接を受けることすらなくエントリーシートのみによって不合格とされる大学生が少なくない。著者が2019年に大学生を対象に実施した調査では，エントリーシートのみによって不合格とされた就職活動生が5割以上存在することが明らかになった（**図表1-9**）。

エントリーシートのみならず，特に採用人気企業と呼ばれる，多くの大学生が就職を希望する企業では，適性検査による事前の絞り込みでも多くの不合格

図表 1-9 エントリーシートのみでの不合格経験がある就職活動生

（「あなたは面接や適性検査などのエントリーシート以外の選抜を経ることなく，エントリーシートのみによって合否が判定され，不合格の通知を受け取ったことはありますか」という質問に対する回答結果。n=312）

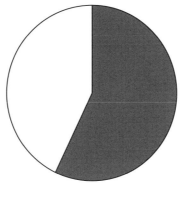

■ある □ない

者が生じる。適性検査では，受験者である大学生に対して能力検査と性格検査が実施されることが一般的である。その得点によって，面接をせずに不合格通知がなされることもエントリーシートの場合と同様に少なくない。

(2) 就職試験の共通的要件

　以上を踏まえて，就職試験が存立するための共通的要件を捉えていく。

　第1に信頼性の要件である。エントリーシートの自由記述文の選抜において複数の評価者が設けられる場合には，高い評価者間信頼性が要件となる。適性検査において複数の構成概念（例えば「外向的である」「情緒安定性がある」など）に紐づく複数の質問項目によって因子を構成する場合には，質問項目間の高い内的一貫性が要件となる。さらに，適性検査においては繰り返し実施した場合の高い安定性が要件となる。面接において複数の面接者によって面接を実施する場合には，高い評価者間信頼性が要件となる（**図表 1-10**）。

　第2に妥当性の要件である。エントリーシートや面接において評価者が何をもとに評価を行うかといえば，あらかじめ用意された評価シート・評価基準である。では，評価シート・評価基準が何によって決定されているかといえば，

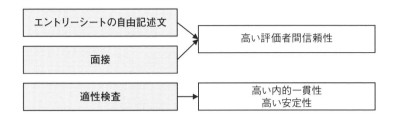

┃図表 1 -10┃ 就職試験の共通的要件（信頼性）

職務で良い働きぶりを示す組織構成員の特性によって決定される。また，適性検査のどこに着目して評価を行うかといえば，職務で良い働きぶりを示す組織構成員の特性を示す箇所の得点である。よって，職務で良い働きぶりを示す組織構成員の特性はエントリーシート，適性検査，面接の評価基準と密接に関連する。

これらの関連性は，既に述べた予測的妥当性の構造そのものを意味する。社会人の時点に着目して，職務で良い働きぶりを示す組織構成員の特性と就職試験で測定される成績との関連が高いかどうか，ということである。大学生は実際に働いていないため，働きぶりを直接測定するのは難しい。そのため，職務での働きぶりにおいて，例えば「新たな事業を創造する」という特性を取り上げる場合には，大学生の時点にその概念をいわば翻訳して「新たなアイデアを出すことが得意」「様々な情報への開放性が高い」などの特性を評価基準とする。

以上のように，就職試験の選抜法は，まず社会人の時点から検討が始まる。

┃図表 1 -11┃ 就職試験の共通的要件（妥当性）

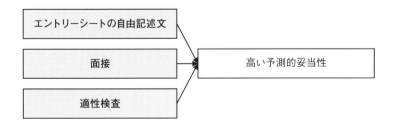

すなわち，職務で良い働きぶりを示す組織構成員の特性を明らかにするところからである。次に就職試験の人材選抜法と関連付ける。良い働きぶりを示す組織構成員の特性を測定・評価する方法を検討するのである。特性の測定・評価をする上で，大学生が未入職であるという制約条件を踏まえて大学生の時点で測定・評価可能な概念を定めてエントリーシート，適性検査，面接に展開するのである（**図表 1 -11**）。

(3) 大学生から社会人への変容

　良い働きぶりを示す社会人の特性を踏まえた上で，その特性と大学生の時点での特性に関連を見出そうとする議論は，特に海外の学術研究において非常に長い歴史とともに発展してきた。キャリア心理学研究で世界的に著名なSavickas（1999）は，この理論的枠組みをスクール・トゥ・ワーク・トランジション（School to Work Transition）研究と呼び，過去60年間にわたって多くの研究が蓄積されてきたと述べた。Savickas（1999）は1930年代にまでさかのぼって同研究分野の長年の系譜を紹介した。海外におけるスクール・トゥ・ワーク・トランジション研究は2000年代に入ってからも盛んに研究がなされてきた。例えば Taber & Blankemeyer（2015）は，自分自身の過去の経験を否定的に捉えた大学生は職業的アイデンティ（Vocational Identity）が拡散したことなどを実証的に報告した。

　この分野に関するわが国の研究の歴史については，小杉（2010）による整理が参考になる。小杉によれば，1970年代から学歴主義の研究として，出身大学による大企業の管理職登用への影響が議論されたことを端緒に多数の研究がその後蓄積された。例えば，佐々木（1993）は新卒者56名に調査を行い，入職前までに抱いた職場への幻想が入職後 8 カ月間で崩れ，特に先輩社員がその原因になることを報告した。以下にわが国の就職試験の文脈に限定した上で，スクール・トゥ・ワーク・トランジションの既存研究で用いられた主な概念を示した（**図表 1 -12**）。

　大学生の時点では，授業外のコミュニティへの参加（舘野・中原・木村・保田・吉村・田中・浜屋・高崎・溝上 2016），大学生活での重点的な活動（中原・溝上 2014），出身大学の銘柄（天野 1984；岩内 1980；原・矢野 1975；竹

大学生　　　　　　　　　　　　　社会人

- 授業外のコミュニティへの参加
- 大学生活での重点的な活動
- 出身大学の銘柄

- 一流企業への就職
- 大企業の中間管理職登用
- 早期離職
- 組織社会化
- プロアクティブ行動

内 1981）など様々な概念が用いられてきた。社会人の時点では，一流企業への就職（天野 1984；原・矢野 1975），大企業の中間管理職登用（岩内 1980；竹内 1981）といった地位だけではなく，早期離職（梅崎・田澤 2013），組織社会化（Organizational Socialization。中原・溝上 2014），プロアクティブ行動（舘野ほか 2016）といった様々な社会人としての行動・意識にまで射程が拡げられてきた。

　以上からわかるように，スクール・トゥ・ワーク・トランジション研究は，学生の時点と社会人の時点の様々な特性を取り扱う研究が広く含まれるため，多様な研究分野（社会学，教育学，教育工学，心理学，経営学など）によって構成されており，昨今はわが国でも様々な学会でこの分野の研究が進められるに至っている。

　大学生の時点と社会人の時点との関連性については，その個人・集団の移行プロセスとして捉えるスクール・トゥ・ワーク・トランジション研究という理論的枠組みのほかに，この二時点間を組織側から見る方法もある。すなわち，組織としての目標達成のために大学生を採用し，選抜するプロセスとして捉えると「採用・選抜研究」という理論的枠組みが該当する。採用・選抜研究分野も海外で盛んに研究がなされており，例えば，Yu & Cable（2014）には海外

における数多くの研究例が紹介されている。

⑷ 暗黙的仮定とその課題

「大学生の時点」と「社会人の時点」の二時点間関係を構図として，その間に関連を見出そうとする取り組みは，これまでのスクール・トゥ・ワーク・トランジション研究における伝統的枠組みであった。しかし，大学生と社会人との間には重要な場面が存在する。それが就職試験である。

大学生は自動的に社会人へと変化しない。大学生が社会人になるには就職試験という人材選抜の機会を媒介するのである。このように就職試験を布置するとき，就職試験の以下の特徴に着目しなければならない。

就職試験は，社会的地位や役割の大きな変更を生む最初の一歩である。大学生にとっては，それまで長く続いてきた学生という社会的地位や役割から社会人へと変容するための最初の機会が就職試験である。小学校以来，学生という形で世の中との関わりを持ってきた個人が社会人に変わるという，人生において非常に大きなターニングポイントとなる。そこには競争が存在し，思い通りにならないことも多く，挫折を経験する。その逆に，熾烈な競争を勝ち抜いて成功を経験する者もいる。

そのため，就職試験場面での経験が就業に対する考え方やその後の生き方に大きな影響を与えることがある。就職試験が大学生の精神的健康に影響があること（北見・茂木・森 2009），レジリエンスに影響があること（高橋・石津・森田 2014）などが報告されている。つまり，就職試験は単なる一過性の出来事ではなく，継続してその後の職業人生に影響を与えかねない出来事なのである。なかには就職試験で大きな挫折を経験して自分の職業人としての成長を諦めてしまう者さえいる。逆に就職試験を契機として社会人としての成長のサイクルに入る者もいる。大学に勤務しているため，非常に間近で大学生を見ていると，就職試験が人生のターニングポイントになっていることを痛感する。それまで頑張っていた学生が就職活動を境にしてやる気をなくしたり，逆にどちらかというと控えめだった学生が成功体験とともに自己主張したりするようになる。一過性の気分というよりも，大学卒業後も長くそのような態度が継続することも珍しくない。

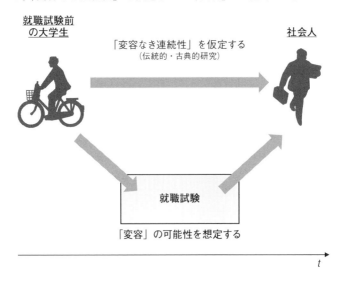

図表 1 -13 「変容なき連続性」を仮定するか「変容」の可能性を考えるか

　就職試験での経験のビフォー・アフターで個々人の就業への想いが変わることが少なくないとすると，実は「大学生の時点」と「社会人の時点」との二時点間関係ではなく，その間にある第三の時点として「就職試験の時点」との関係性が必要となる。なぜなら，「大学生の時点」の特性が「社会人の時点」の特性に繋がるという二時点間関係に加えて，「大学生の時点」の特性が「就職試験の時点」で何らかの変容があって「社会人の時点」の特性に繋がるという関係性が存在するためである。大学生の時点はそのまま社会人の時点に連続するのではなく，時として非連続なのである。これは，「大学生の時点」と「社会人の時点」の二時点間関係のみを取り上げ，その二時点間が連続するという伝統的・古典的なスクール・トゥ・ワーク・トランジション研究の暗黙的仮定が，実は不十分であるという問題提起でもある（**図表 1 -13**）。

　この就職試験を機会とした個人の心理的変容には個人差が大きい。就職試験で大きく化ける大学生もいれば，それほどでもない大学生もいる。しかし，次に挙げる問題は個人の問題ではなく，組織全体に蔓延する問題である。本書はそちらの問題について正面から取り組みたい。

　例として 2 名の大学生（佐藤さんと鈴木さん。仮名）を考える（**図表 1 -14**）。

図表 1-14 むやみな二時点間比較による弊害

佐藤さんと鈴木さんはどちらも前向きに大学で勉強に励み，研究に積極的に取り組んだ。大学のキャリアセンターでの自己分析や特性検査の結果，どちらも知的好奇心（図表 1-14内の特性 A）が非常に高く，同じくらいの高水準にあることがわかった。この結果は，佐藤さんにも鈴木さんにもとても納得のいくものであった。

そこで2人は，この特性が十分に活かせるような最先端の技術に関わることができる仕事に就くことを目指して就職活動を始めた。2人は同じ会社の同じ職種を受験することにした。迎えた面接本番の日。佐藤さんの面接者と鈴木さんの面接者は違う社員であった。

佐藤さんの面接では知的好奇心が非常に高く評価された。佐藤さんの面接者は，佐藤さんが大学で勉強に励んだ成果について熱心に耳を傾け，どのような研究で，なぜそこまで積極的に取り組んだのかについての質問を投げかけてくれた。佐藤さんはなぜ自分がそこまで前向きに取り組んだのか，知的好奇心を高く持つきっかけとなった子供の頃の出来事などについても振り返りながら語った。

　一方，鈴木さんの面接では知的好奇心についてあまり触れられなかった。鈴木さんの面接者は，面接者自身が元々大学時代はあまり勉強に励んでおらず，入社してからの働きぶりの良さは知的好奇心などではなく，集団的な対人関係に関する経験を通した人あたりの良さによって生まれると考えていた。そのため，鈴木さんに対人関係に関する特性を問う質問を多く投げかけた。鈴木さんは自分の強みはそこではないと内心思いながらも，質問に対して真摯に答え，面接時間が終わった。

　佐藤さんも鈴木さんもその会社から内定を得ることができた。しかし，就職試験のデータ上，佐藤さんは知的好奇心に溢れる技術職志望者，鈴木さんは対人関係力がそつない技術職志望者として記録された。新人をどのような仕事に配置するかという議論が社内でなされたとき，佐藤さんは最先端の技術に関わるような仕事に向いていると判断されたが，鈴木さんはそのような仕事ではなく，ひとまず既存ルートを回る技術営業で様子を見ようということで判断された。元々最先端の技術に関わることができる仕事に就くことを目指していた鈴木さんは落胆した。

　実際に働き出してから佐藤さんの職務満足は高かった。しかし，鈴木さんの職務満足は低かった。佐藤さんにとっては高い知的好奇心という特性を仕事に十分反映できたからであり，一方の鈴木さんにとっては高い知的好奇心という特性を仕事に十分反映できる環境ではなかったためである。

　この2名の例を伝統的・古典的スクール・トゥ・ワーク・トランジション研究の枠組みで考えてみよう。大学生の時点での特性変数を知的好奇心が高いことにする。社会人の時点での特性変数を職務満足の高低にする。就職試験をいわばすっ飛ばして二時点間関係を論じると「大学生時に知的好奇心が高い者は，入職してからの職務満足が高い」と結論付けるのがいいのか，「大学生時に知

的好奇心が高い者は，入職してからの職務満足が低い」と結論付けるのがいいのか不明になる。就職試験における選抜を無視した，むやみな二時点間比較による弊害である。

　この受験先企業では，どのような特性を高く評価するのか社内的な意思統一ができていなかった。面接シートとして高く評価する特性を整理して面接者に渡してはいたが，実態は面接者による裁量で面接が進められていた。

　就職試験の本番環境での属人的であやふやな測定によるジョブ決定への媒介作用を考慮しないままに，大学生の時点と社会人の時点とを単純に比較するのみでは誤解を招く結論になりかねない。つまり，大学生の特性が就職試験で正しく測定されることを暗黙的に仮定するのか，その仮定を疑って実態を検証すべきと考えるのか，が重要なのである。正しく測定されているはずだという暗黙的仮定はいわば理想的である。しかし，そのような理想を掲げられるだけの実証研究はまだ蓄積されておらず，特にわが国では大きく研究が不足している（図表 1 -15）。

▏図表 1 -15▕ 「正しい測定」を仮定するか「実態を検証すべき」と考えるか

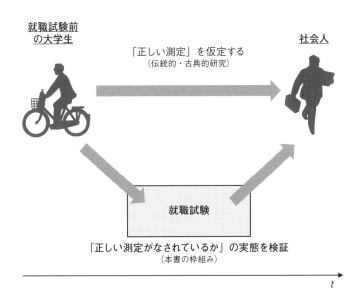

図表 1-15の「就職試験前の大学生」の時点に着眼した研究は，キャリア研究，教育学などで盛んになされており，国内外で研究が数多く蓄積されている。「社会人」の時点に着眼した研究は経営学，組織行動論，キャリア研究などで盛んになされており，こちらも国内外で研究が数多く蓄積されている。それらを直接結び付けるスクール・トゥ・ワーク・トランジション研究も上述の通り数多く蓄積されている。

　しかし，「就職試験」に着眼した研究は特にわが国ではほぼなされていない。その結果，実態がわからないのである。換言すれば，「大学生」「社会人」の各対象と「大学生と社会人との二時点間を扱った関係」についての研究が蓄積されている一方で，「大学生を社会人として選抜する」プロセスがどれほど機能しているのかに関する就職試験の研究が大きく不足してしまっている。

　以上から，本書は「就職試験における選抜」に焦点をあてて，就職試験の実態を明らかにし，今後の改善を検討するための理論と実践のあり方を提示したいと考える。

(5)　就職選抜論の定義

　以上を踏まえて，本書のタイトルである「就職選抜論」を定義する。就職選抜論を学術研究の蓄積上に定位すると，「Selection Research（選抜研究）」に関する分野に属する構成要素となる。その上で，就職試験の本番環境というリアリティを前提として，選抜法に着眼するという特色を有するものとして就職選抜論という分野を立てる。以下，詳細に説明しよう。

　採用・選抜研究は，求人を行い，いわゆる母集団形成を行って，選考プロセスを経て内定を提示し，組織への参入を促す「Recruitment Research（採用研究）」と，面接やリクルーターなどの方法を用いて母集団の中から望ましい人物を選び採る「Selection Research（選抜研究）」とに要素分解することができる。上述のように「正しい測定」という視点を持つとき，それは学術研究の枠組みにおいては適切な選抜がなされているかという「選抜研究」における検討課題を取り扱っていることを意味する。

　わが国における就職試験の選抜は，エントリーシート，適性検査，面接などの選抜法によって実施されることが一般的である。後述する通り，わが国のこ

れらの選抜法には課題が山積している。その課題を要約すれば，圧倒的に実証分析が少なく，正しい測定・適切な選抜がなされているかが確かではない。そして，わずかな研究例であっても疑似的なデータで研究が構成されており，就職試験の本番環境における選抜の実態が明らかになっていない。

　疑似的なデータとは，例えばエントリーシートによる選抜の分析を行うときに，実際に就職試験の本番で大学生が企業に提出したエントリーシートではなく，大学の授業時間内に大学生に企業への模擬的なエントリーシートを書かせて，それを大学教員に提出させて（つまり企業には提出せずに）研究用のデータを整えるような場合を指す。確かに，疑似的なデータによって得られる示唆もあるだろう。しかし，就職試験の本番を迎えて，入念に企業や職種を調べ上げ，真剣に悩み抜いた上で書かれたエントリーシートとはその質は大きく異なる。志望度が不明な企業に対して大学の授業時間中に書かされたエントリーシートとそれを同等に扱ってよいとは考えられない。また同じように，就職試験の本番環境下にいない，インターネット調査会社にモニター回答者として登録している大学生を対象にした就職意識に関するデータも，就職試験の本番環境におけるデータと同等の傾向が得られると予想するには仮定が強すぎる。

　今，われわれが捉えるべきなのは，大学生が就職試験の本番に臨んでいるときに正しい測定・適切な選抜がなされているか，という課題である。したがって，疑似的なデータに依拠せず，就職試験の本番環境において取得されたリアルなデータをもとに実証研究を蓄積することが重要となる。

　単に「選抜研究」と呼称すると，疑似的なデータに基づく研究も包含することになる。そのため，本書では就職試験の本番環境のみのデータに依拠した研究であることを示すことを目的として，「就職選抜論」という名称によって限定的でリアリティのある分野として議論を行うことにした。

　就職選抜論は大枠において選抜研究に属するため，採用研究で論じられるべきテーマ―例えば，採用母集団形成のあり方，採用メディアのあり方，会社説明会の運営など―の選抜に直接関わる場面以外については論じない。加えて，選抜の前後におけるテーマ―例えば，大学生のキャリア教育や社内での新人教育のあり方に関する教育学的研究，リアリスティック・ジョブ・プレビュー（RJP）などの組織行動論的研究，そして，いつから就職試験を解禁するのか

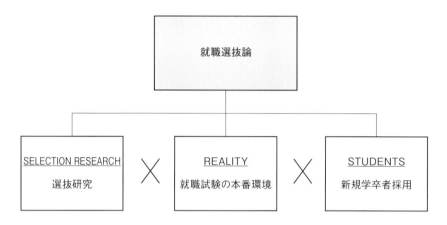

などの就職試験の制度自体に関する議論など―の選抜に直接関わる場面以外についても論じない。

　対象の混在による散漫な議論を避けるために，新規学卒者の就職試験に議論を限定する。中途採用・キャリア採用の場合には，就職よりも「転職」という表現を用いるほうが一般的である。また，中途採用・キャリア採用の場合には新卒採用とは異なり，職務経歴などの具体的な職務経験が選抜の材料になり，未入職の新規学卒者とは選抜のあり方が大きく異なることも踏まえた。

　以上をまとめて，本書が述べる就職選抜論とは，選抜研究の系譜上において，就職試験の本番環境のリアリティを前提とし，面接，適性検査，エントリーシートというわが国の選抜法を対象にした研究を指す（**図表 1-16**）。

　この就職選抜論は，「誰を組織構成員として選び，採るか」という極めて重要な経営判断に直結する。それにもかかわらず，これまでわが国ではほぼ理論的・体系的に論じられることがなかったものである。

3　本書の目的と構成

　以上を踏まえて，本書の目的を以下3点に定める。

> 目的１：
> 就職選抜論についての理論的検討を行い，「何が良い就職選抜なのか」を
> 明らかにする。
>
> 目的２：
> 就職選抜論についての実証的検討を行い，「わが国の就職選抜の実態と課
> 題」を明らかにする。
>
> 目的３：
> 明らかにされた課題を「どのように改善するのか」を示す。

　目的１に対応するのは第１章と第２章である。第１章では，就職試験の歴史
と基礎理論の検討を通して就職選抜論の定義を行い，検討の枠組みを述べた。
第２章では，エントリーシート，適性検査，面接それぞれの選抜法に固有の特
徴を踏まえて，「何が良い就職選抜なのか」について要件定義を行う。

　目的２と目的３に対応するのは第３章から第６章である。第３章では，エン
トリーシート，適性検査，面接の実証分析におけるリサーチデザインとデータ
セットを述べる。第４章では，エントリーシートに着眼して，わが国の実在す
る企業Ａ社の就職試験の本番環境データを取得して実証分析を行い，実態と
課題を明らかにする。分析結果を踏まえた改善と経営成果も示す。第５章では，
適性検査に着眼して，わが国の実在する企業Ｂ社とＣ社の２社の就職試験の
本番環境データを取得して実証分析を行い，実態と課題を明らかにする。分析
結果を踏まえた改善と経営成果も示す。第６章では，面接に着眼して，わが国
の実在する企業Ｄ社から就職試験の本番環境データを取得して実証分析を行
い，実態と課題を明らかにする。分析結果を踏まえた改善と経営成果も示す。

　最後に，第７章ではまとめとして就職選抜論の意義を想定読者別に述べる。
経営層・人事担当役員，採用実務担当者，面接者，研究者，就職活動生を含む
大学生・大学院生のそれぞれが本書をどのように活用すれば最大の効用が得ら
れるのかを論じる。

第 **2** 章

就職選抜の理論

本章では，就職試験において選抜法として用いられるエントリーシート，適性検査，面接のそれぞれに関する国内外の学術研究をレビューし，体系的に整理する。その上で「何が良い就職選抜なのか」を論じ，エントリーシート，適性検査，面接のそれぞれが選抜法として存立するために求められる要件を述べる。

1　エントリーシート

本節では，就職試験の過程で最初に人材選抜の機会となることが多いエントリーシートについて論じる。

(1)　エントリーシートの理論的根拠の乏しさ

ⓐ　エントリーシートの概要

エントリーシートとは，就職試験において企業が独自に作成する，就職志願者に投げかける質問形式の応募書類であり，自己 PR や志望動機が含まれるもので，課題論述が含まれることもある（小島 2009；上林・厨子・森田 2010）。

近年，大学生の就職試験にとってエントリーシートが重要な課題になっている（古本 2013）。エントリーシートが実務上普及していることは誰もが認めるところであり，大学生にとって最初の関門になっている。

エントリーシートは，必ずしも理論的に導かれた選抜法ではない。上述の通

り，マサチューセッツ州の高校卒業試験では面接に伴う評価者間のブレの問題などを解決することを狙って多肢選択式の筆記試験が導入されたが，エントリーシートは他の選抜法の測定論上の問題を解決することを狙って導入されていない。測定論というよりも，エントリーシートはわが国の産業組織の実務的要請から生じた選抜法である。

　一時期に一斉に行うわが国の新規学卒者採用では，就職活動生からの応募が特定の時期に非常に集中する。対応できる面接者（自社の役員や社員）の人数は限られているため，応募した就職活動生全員と会って面接するのは通常困難になる。そこで，エントリーシートを面接による選抜の前に課す民間企業が多く（苅谷・本田 2010），エントリーシートによる事前選抜で面接対象者すなわち面接する時間をかけるに値すると採用側が判断する者を選ぶ手続きをとる。

　エントリーシートが歴史的にいつ頃から一般的に用いられるようになったかについての統一された見解は見当たらない。参考になる例として，わが国の大学入試において小論文試験の利用が普及したのは1980年代からであると言われている（宇佐美 2013）。記述された文章によって人物を評価する方法として同じ頃から民間企業においてもエントリーシートが普及した可能性がある。このように，エントリーシートの歴史は比較的浅い。エントリーシートの歴史がどれだけ浅いのかについては，面接法と質問紙法という伝統的な選抜法と対比することによって浮き彫りにできる。

ⓑ　面接法・質問紙法との対比

　人材選抜を目的とした面接法については，1916年にまでその研究の歴史をさかのぼることができる。Lynch（1968）によれば，社員を選抜するために求職者の外見や勤勉さなどの特性を取り上げ，求職者と社内にすでに在籍して高い販売成績を残している営業社員とを比較する方法が1916年に開発されたという。

　人材選抜を目的とした質問紙法については，第一次世界大戦後にまでその歴史をさかのぼることができる。Ferguson（1961）によれば，第一次世界大戦後に米国のカーネギー工科大学に人事研究部門が設けられ，ウェスティングハウス社などの産業界からの依頼をきっかけにして職業興味検査の開発が開始された。Ryan ＆ Johnson（1942）は，職業興味検査結果と実務成績との関連に

ついて計算機の販売係と修理係を対象に調査を行った。その結果，実務成績の良好な者には職業興味検査成績において高得点の者が多く，実務成績の悪い者には職業興味検査成績において低得点の者が多かった。Strong（1943）は宣伝業務を対象に調査を行った結果，実務成績の良い者には職業興味検査成績において高得点の者が多く，実務成績の悪い者には職業興味検査成績において低得点の者が多いことを報告した。質問紙法による職業興味検査として最も有名なホランドのVPI職業興味検査は1970年代に開発され，現在も世界中で利用されており，周知の通り日本語版の質問紙検査も開発されるに至っている。

　このように欧米では1900年代の前半から人材選抜に関する面接法と質問紙法の研究・実践が盛んになされ，その後も科学的な研究が数多く蓄積されてきた。代表的な研究の一例を挙げると，Bass（1951），Guilford, Christensen, Bond, & Sutton（1954），Pearlman, Schmidt, & Hunter（1980），Schmidt, Hunter, & Caplan（1981），Hunter & Hunter（1984），Barrick & Mount（1991），Hough（1992），McDaniel, Whetzel, Schmidt, & Maurer（1994），Conway, Jako, & Goodman（1995），Salgado（1997），Judge & Bono（2001）などがあり，面接法と質問紙法の信頼性・妥当性の研究が盛んになされてきた。海外における膨大な研究の蓄積を経た上で，今日では，面接法における構造化面接法，質問紙法における信頼性係数や項目反応理論などの技術が開発・普及するに至

┃ 図表2-1 ┃ エントリーシートと他の選抜法との対比

面接法による選抜

欧米での盛んな研究を踏まえて，構造化面接法などの技法が開発された

質問紙法による選抜

欧米での盛んな研究を踏まえて，信頼性係数や項目反応理論などの技法が開発された

⬌

エントリーシートによる選抜

有効性の研究がほぼ皆無

っているのである。

　それらとエントリーシートは対照的である。エントリーシートについては，採用選考の実際場面においてどの程度有効であるかの研究例が，国内外において皆無であるとの報告がなされている（鷲坂・二村・山岸 2001）。このように，エントリーシートの選抜法としての科学的検証の歴史は面接法や質問紙法とは大きく状況が異なっており，まずそれを認識する必要がある（**図表2-1**）。

ⓒ　**エントリーシートの有効性の課題**

　エントリーシートの有効性を検証することを試みた一部の学術研究には，就職選抜論から見て課題が多く残されている。例えば，小島（2009）は大学の授業時間中にエントリーシートに類似する文書の記述を受講生に促して分析対象データにした。本多・入吉（2014）は市販されているエントリーシートの書き方の指導本を参考にして，大学生ではなく調査者自身がエントリーシートの文章を作成して自身の研究対象データにした。柳田・村上・西村（2012）は大学生等に対して特定の企業を受験することを念頭に置かせた上でエントリーシートを書くことを求め，分析対象データにした。これらの試みに共通するのは，就職試験の本番環境で実際に提出されたエントリーシートを用いていないということである。

　古田（2008）が指摘するように，実際の就職試験の本番環境で回収され，採点された答案の入手は困難である。そのため，このようないわば疑似的データを用いた間接的分析にとどまっている。例えば，授業時間中に作成を促すというエントリーシートの作成環境は，就職試験の本番環境において自ら強く志望する職への就職をかけて作成する場合の環境とは大きく異なるであろう。疑似的データを用いた間接的分析でわかり得る範囲はかなり限定的になる。この留意点は他のエントリーシートを扱った研究例（二村・村井 1999など）にもあてはまる。

　昨今はHRテック（Human Resource Technology）の流行に伴って，AI（人工知能）を用いてエントリーシートの分析を試みる企業も僅かながら存在する。しかし，AIがエントリーシートの何を評価しているのかはわからず，正直ブラックボックスであるという報告がなされている（IT Media 2017）。

手紙研究	手紙の文章から心理的特性を読み解くAllportの有名な研究	自閉症研究	綿巻（1997）による助詞「ね」の出現有無・出現頻度と自閉症との関連
入試のエッセイ研究	MBAのGMATにおけるエッセイの自動採点	大衆心理研究	浜口（1979）による仕事観分析 辻村（1981）によるベストセラー分析
アニュアルレポート研究	企業業績の良し悪しと文章の特徴の関連など多数	有価証券報告書研究	喜田（1999）による企業業績の良し悪しと文章の特徴の関連
欧米で参考になる研究例		**日本で参考になる研究例**	

つまり，AIを用いる前にまず文章という形式を通して，書き手である就職活動生のどのような特性が測定・評価可能であり，どのような限界があるのかを知ることが先決であるが，その取り組みが大きく不足している。それにもかかわらず，AIによる分析結果を選抜材料にするのは，合理的な経営判断の範疇から逸脱している。

　以上のように，エントリーシートについては科学的研究例がほぼ皆無であるため，理論的根拠も見当たらない。どのような理論によってエントリーシートが人材選抜法として存立するのかは，これまでの研究や実践で体系的に明らかにされてこなかったのである。そこで本書では，エントリーシートが何をもって就職試験における良い選抜法となり得るのか，その存立要件の検討を行った。エントリーシート研究は分野自体がそもそも定義されてないため，他の研究分野にまで視野を拡げて包括的な検討を行った（**図表2-2**）。

ⓓ　他の研究分野への着目

　他の分野において参考になる先行研究には，まず著名な心理学者である Allport による古典的研究がある。Allport は，人物の性格特性や精神疾患等の心理的特性の把握を目的として手紙の文章に着目した。1926年3月から1937年10月に手紙の書き手であるジェニーが死去するまでの11年半，ジェニーとの手紙による交信を続け，手紙に記された文章のみから書き手の心理的特性を把握・分析可能なことを報告した。この研究は心理学領域では極めて有名なもので，『ジェニーからの手紙－心理学は彼女をどう解釈するか』（オールポート 1982）として，わが国でも翻訳されて出版されるに至った（英語の原典は1965年に出版された）。文章のみであっても分析方法次第で書き手の内面のかなり深奥まで迫ることが可能なことが示された。

　米国の入試研究に目を移してみよう。米国の経営大学院（ビジネススクール）入学のための共通試験に GMAT（Graduate Management Admission Test）というテストがある。GMAT においてはエッセイが課されるが，その作文の採点に e-rater という自動採点システムが1999年より用いられている（石岡 2012）。GMAT のエッセイには自己 PR や志望動機などの内容が含まれる。記述された文章に対する自動採点結果に十分な信頼性と妥当性が確認されたことをもって，米国の経営大学院入学試験においては文章データを機械的に処理する e-rater のアルゴリズムが用いられている。

　欧米の企業研究にヒントを得ることもできる。企業のアニュアルレポートなどに含まれる文章データから高業績企業と低業績企業の特徴が識別可能であることが経営学領域で複数報告されている（Bowman 1978；Bettman & Weitz 1983；Staw, Mckechnie, & Puffer 1983；D'Aveni & Macmillan 1990など）。例えば Bowman（1976）は，企業のアニュアルレポートに記載された文章データを分析した結果，低業績企業では業績を自社ではコントロールできなかった天候のせいにする記述が目立つことなどを報告した。

　欧米の研究例ばかりではなく日本語で書かれた文章データに関する研究にヒントを求めることもできる。綿巻（1997）は文末の語である助詞「ね」に着目した。「あれをしてね」というように，文末に柔らかく念を押して伝えたい情報に聞き手を自然に同調させながら情報を相互共有したり説得したりするとき

に使う言葉として「ね」という助詞がこの研究では捉えられた。綿巻による分析の結果，自閉症児は助詞「ね」を使わないか，使ったとしても稀であることを報告した。発話者の性格特性の一部を特定の言葉の出現有無・出現頻度を通して把握可能であることが示唆された。

　浜口（1979）は，自伝的内容についての新聞記事の文章データを対象に日本人の仕事観を分析した。辻村（1981）は，日本語で書かれたベストセラーの書籍の文章データを対象にして大衆心理の動向を分析した。喜田（1999）は，日本国内の電機産業を対象に有価証券報告書に記載された文章データから経営成果の良い時には自己帰属を行う，すなわち自己の経営努力による成果を強調する一方で，経営成果の悪い時には他者帰属を行う，すなわち自己では管理不能であったという印象を強調する傾向を実証的に報告した。

　以上のように，文章によって個人や組織の特性の把握を試みることが実践されてきた。文章によって，つまり双方向の対話をせずに個人や組織の特性がわかるのだろうかという疑問が生じるかもしれないが，分析方法によっては可能であるということである。

　人間の何らかの特性把握を目的として文章に着目するという発想を支える礎は，ウィトゲンシュタインを中心とする日常言語学派や言語哲学に求めることができるとされている（喜田 2007）。Ryle（1949）は，ウィトゲンシュタインの言語哲学の中心には，認知現象は言語現象として捉えられるという命題があるとしている。つまり，考えたことは言語として文になり，それを分析することで考えたことを明らかにしようということである。

　文章に着目した分析には様々な留意点も報告されてきた（**図表2-3**）。例えば，小論文試験において人間を介した評価には様々な要因が関与することが知られており，採点の順序効果（Cooper 1984），大量の文章を評価するにつれて評価者の基準が不安定になること（Klein 2002），文字の巧拙（Chase 1968, 1979）などがその誤差要因として報告された。文章を採点する者がどれだけ気を付けても，採点者自身の重きが本来の意図と異なることがあることも報告された（Harris 1977）。Harris（1977）は，文を採点する教師自身が作文の内容・構成を重視して採点したつもりでも，実際の添削結果を後から分析してみるとカンマの使い方など表記に関する評価に実は重きが置かれていたことを明

図表2-3 文章データへの人間による評価上の留意点

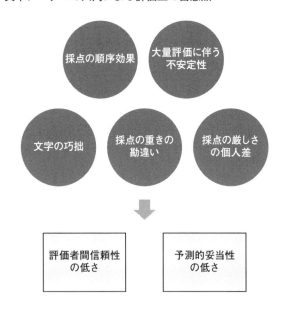

らかにした。

　同一の文章に対する複数の評価者による評価値の一致性を示す相関係数（評価者間信頼性係数）について，安藤（1974）は0.26から0.42，渡部・平・井上（1988）は0.22から0.57であることを報告した。文章に対する人間による採点の信頼性が不十分であるという問題は，池田（1992），平（1995），平・江上（1992）などの研究によっても論じられてきた。そのため，採点者間で採点基準を協議して明示的に共有すること（石井 1981；Hamp-Lyons 1991，2007；Weigle 2002など）などが提案されてきたが，評価に関するトレーニングを行っても評価者個人内の一貫性（評価者内信頼性）は向上するが，個人間での厳しさの度合いの差異の問題は残存することが報告された（Weigle 1994，1998；Lumley & McNamara 1995；Kondo-Brown 2002；Elder, Barkhuizen, Knoch, & Randow 2007）。

　文章への人間による評価については信頼性だけではなく妥当性の不足も指摘された。冨田・越川（1996）は，高校での学業成績と大学での成績の相関係数

は0.4から0.5を示すのに対して，大学入試における小論文への人間による評価値と大学での成績の相関は −0.08から0.04とほぼ無相関であり，予測的妥当性が非常に低いことを報告した。

　これらの問題を背景にして小論文の自動採点研究が盛んに行われてきた（Burstein, Kukich, Wolff, Lu, Chodorow, Braden-Harder, & Harris 1998）。上述した米国におけるGMATの自動採点システムe-raterのほかにも，米国の医学部進学のための適性試験MCAT（Medical College Admission Test）の作文試験の自動採点システムIntelliMetricなどが自動採点システムとして実装されてきた。

　以上のように，新規学卒者の就職試験におけるエントリーシートを用いた選抜の有効性に関する研究はほぼ皆無であるものの，他の分野で蓄積された研究を総合的に捉えることで，エントリーシートにおいて「何が良い就職選抜なのか」という問いに答えるためのヒントを得ることができる。

(2)　エントリーシートの構成要素

　エントリーシートにおいて，何が良い就職選抜なのかについての検討を進める前に，エントリーシートとは何であるのかをより詳細に整理して本書が対象とする箇所を明らかにしておく。

　就職試験の本番環境で実際に用いられるエントリーシートの構成要素は，大きく以下の3種類に分けられる。履歴書情報（氏名，住所，所属大学，教育歴など），就職活動状況（併願企業名，併願企業への就職活動の進捗状況，自社の会社説明会への参加の有無など），就業希望文（自己PR，志望動機，ガクチカを主な質問項目とする自由記述文）の3種類である（**図表2-4**）。

　これら以外には，経営課題文（例えば「自社の経営課題と解決策について述べなさい」「日本企業の競争力向上策を述べなさい」などの具体的な経営課題に対する記述を求めるもの）やアート系課題（例えば「自分が一番輝いている写真を貼りつけてください」「この白紙に自由に自分を表現してください」など）などの構成要素が含まれることもあるが，一般的な構成要素とまでは言えない。

　着眼する構成要素次第で理論的枠組みは異なる。履歴書情報のうち性別を取

図表2-4 エントリーシートの一般的な構成要素

氏名	
住所	
所属大学	

顔写真
3cm×4cm

教育歴	
年　月	卒業
年　月	卒業
年　月	卒業見込

就職活動状況	
併願企業名	
進捗状況	
会社説明会参加	有（　月　日）　　　　無（理由：　　　）

Q1　あなた自身について以下の欄にアピールしてください

Q2　当社への志望動機を以下の欄に述べてください

Q3　学生時代に最も力を入れたことを以下の欄に述べてください

り上げれば男女差別を，教育歴を取り上げれば学歴フィルタ（海老原 2015）などの大学差別を取り扱う差別研究になる。就職活動状況を取り上げれば就職活動への積極性と就職活動の成否との関連を論じる研究などになる。就業希望文を取り上げれば文章評価研究になる。経営課題文を取り上げれば経営知識や論理的思考力に関する能力研究になる。アート系課題を取り上げれば創造性研究になる。

　なお，学歴フィルタとしてエントリーシートを就職試験で課す場合には，形式的にはエントリーシートがデータとして用意されるが，実際は所属大学の欄しか選抜に用いられておらず，他の構成要素はないに等しい。よって，学歴フィルタの用途は本書における以降のエントリーシート研究では含めないものとする。

(3)　エントリーシートの存立要件

　以上を踏まえて，エントリーシートにおいて「何が良い就職選抜なのか」を論じ，就職試験の選抜法としてエントリーシートが存立するための要件を以下に明らかにする。

　エントリーシートの情報量の多くを占め，就職活動生の特性が最も強く表れる構成要素は就業希望文である。自己をどのようなエピソードや経験談を用いてアピールしているか，どのような特性に焦点をあてているのか，などを見ることによって就職活動生の人となりをうかがい知ることができる。志望動機を述べるにあたって，自社のどのような事業を選び，自分の特徴とどう接続させるかについては十人十色の方法があり，就職活動生の個性が出る。学生時代に最も力を入れたことからは，今後どのように仕事に力を入れていきそうなのかを予想することができる。

　問題はそのような豊かな情報をどのような観点で分析するべきか，ということである。エントリーシートのそもそもの役割に立ち返って考えてみよう。

　エントリーシートはそもそも理論的に導出された選抜法ではなく，一時期一斉採用に伴う面接対象者の事前の絞り込みという実務的要請によって設けられた選抜法であった。面接に値する人物かどうかを事前に絞り込むという機能を選抜法の問題として定式化すると**図表2-5**の通りになる。

図表2-5 エントリーシートの存立要件

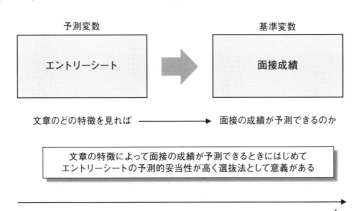

つまり，エントリーシートに述べられた就業希望文からうかがえる書き手である就職活動生の特性の強弱によって面接の成績が有意に変わり，文の何らかの特徴によって面接の成績が予測できるとき，エントリーシートを用いた選抜がはじめて意味を持つのである。逆に，エントリーシートの就業希望文からうかがえる書き手である就職活動生の特性がどれも面接の成績と有意な関係を持たないとき，何のための選抜法なのかが疑われる結果となる。どこを見ていいかわからないとき，評価者は自分の好みでエントリーシートの合格・不合格を決めてしまうのである。

　以上をまとめて，就職試験の選抜法としてのエントリーシートの存立要件は，就業希望文が面接成績に対して予測的妥当性を持つこと，と定義される。

　読者が所属する会社ではいかがだろうか。この存立要件が成立しているだろうか。就職試験で好印象だった大学生のエントリーシートの一部を恣意的に切り取って「こういう内容のエントリーシートを書いた大学生は伸びる」，逆に悪印象だった大学生のエントリーシートの一部を恣意的に切り取って「こういうエントリーシートは不合格にしたほうがいい」などと論じたりしていないだろうか。採用側の恣意的で主観的な印象をエントリーシート評価の基準にしてしまっていないだろうか，ということである。本来やらなければならないのは，エントリーシートに含まれる豊かな情報のうち，どの情報に着眼すれば面接対象者の事前絞り込みに有効に使えるかという問題への客観的な分析である。

　その分析において疑似的データによる間接的分析では意義が低くなるため，就職試験の本番環境で実際に提出されたエントリーシートのデータと実際に評価された面接データとが取得されることが必要になるのは言うまでもない。一方で，就職試験の本番環境データは極めて希少であり，研究に用いられることはほぼない。そこに研究上の難しさが存在する。

2　適性検査

　本節では適性検査について論じる。適性検査とは，一般的に能力検査と性格検査によって構成される質問紙法による検査である（**図表2-6**）。以下に適性検査を能力検査と性格検査に分けて理論的検討を行い，存立要件を明らかにす

図表2-6 適性検査の一般的構成

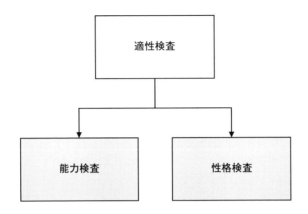

る。なお，性格検査に加えて職業興味や動機などの心理的特性が検査の対象に
含まれる場合もあるが，一般的とまではいえないため，本節では対象外にする。

(1) 能力検査の理論

　能力検査は国語力，言語運用能力，数学力，地頭力など多岐にわたる検査項
目によって構成される。能力検査を正しく理解する上では，まずこの「能力」
という言葉に含まれる３つの意味を理解する必要がある（**図表2-7**）。

図表2-7 「能力」の３つの意味

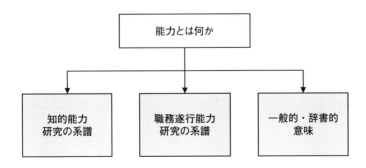

ⓐ　知的能力研究の系譜

　第1に能力を知的能力研究の系譜において理解する必要がある。ここでは，知的能力は伝統的な心理学研究の歴史上に位置付けられる。

　伝統的な心理学研究において「能力」というとき，そこには仕事・職場という舞台装置は特段用意されていない。日常生活で用いる能力という広く曖昧な意味も持たない（広く曖昧な概念では学術研究にならないからである）。髙橋（2009）によれば，伝統的な心理学研究において能力といえば，もっぱら「知的能力」に限定した意味を有する。

　知的能力研究の歴史は Binet による研究にまでさかのぼる。Binet の初期的研究を経て Binet と Simon によって1905年に知的能力検査が開発された。その後も Binet と Simon による知的能力検査は継続的に改修され続けて，「ビネー・シモン尺度」と命名された。ビネー・シモン尺度で受験者に提示される課題内容はその難しさに応じて標準的に解ける年齢のレベルが設定された。課題内容を解ける標準的な年齢のレベルは「精神年齢」と呼ばれた。

　知的能力は Binet と Simon 以外の研究者にとっても意欲的な研究対象であった。IQ（Intelligence Quotient：知能指数）という概念を知的能力を示すのに歴史上初めて用いたのは，ビネー・シモン尺度をスタンフォード大学における改訂版として発表したスタンフォード・ビネー尺度（1916年初版発行）であった。ビネー・シモン尺度もスタンフォード・ビネー尺度も共通して検査者と被検者が1対1で対話をしながら検査を進める「個別式検査」と呼ばれる方法に基づいて開発された。

　個別式検査では大量の被検者を対象にできないことから，個人ではなく集団を対象にする知的能力検査も開発された。その契機になったのは第一次世界大戦であった。戦時において大量の新兵の知的能力を測定するために，集団を対象にする知的能力検査が必要になったのである。

　知的能力研究について洗練された統計技法を導入したのは Spearman（1904）であった。Spearman は知的能力研究に因子分析法の導入を提案し，英語，数学，フランス語などの各科目の成績の背後に全科目に共通して働く一般知能因子 g と各科目に個別に働く特殊因子 s の2因子構造があることを報告した。因子分析法による知的能力研究は，その後 Guilford（1967），Carroll

| 図表2-8 | 知的能力の主な構成概念例

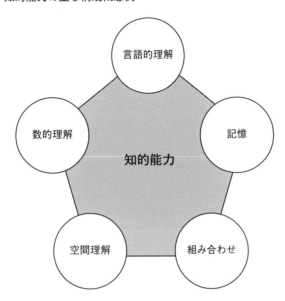

(1993) などでも意欲的に続けられた。それらの研究では，知的能力は，多層性を伴う概念として捉えられた。今日に至るまで知的能力についての唯一の解が定められているわけではないが，多層性を持っており，含まれる主な構成概念には言語的理解，数的理解，記憶，組み合わせ，空間理解などが報告されることが多い（**図表2-8**）。

　今日の新規学卒者の就職試験の選抜場面で実施される適性検査は，心理専門家1人対就職活動生1人という1対1で対話を通して行われることはほぼない。ウェブ上に設けられた適性検査を就職活動生が都合の良いときに受験したり，テストセンターに集合して受験したりすることが一般的である。この集団で受験するという方法は古典的には科挙を起源とするが，近代的には第一次世界大戦の新兵の集団に対して知的能力検査が実施されたことを起源にする。

　知的能力が職場における職務成果に与える影響について本格的に論じられたのは，知的能力研究が始められてからだいぶ後のことであった。Hunter & Hunter（1984）によるメタ分析では，知的能力を予測変数として職務遂行能力を基準変数としたときに0.23から0.56の妥当性係数（補正値）が報告され，

知的能力は職場における職務成果と無関係ではなく正の関係があることが認められた。これらの長年にわたる研究の蓄積が，就職試験の選抜場面において能力検査を行うことの根拠の1つになっている。

ⓑ 職務遂行能力研究の系譜

　第2に能力を職務遂行能力研究の系譜において理解する必要がある。職務遂行能力という概念は，伝統的な経営実践活動と人事制度研究の歴史上に位置付けられる。伝統的な経営実践活動と人事制度研究において「能力」というとき，「職務遂行能力（略して職能）」を指すことが一般的である。髙橋（2010）によれば，ビジネス場面では能力の概念は「仕事を行うために発揮される幅広い能力」と捉えられており，それを一言で表す語として「職務遂行能力（職能）」が頻繁に用いられてきたとされる。

　わが国の人事制度において長年用いられてきた職能資格等級制度は，この職務遂行能力（職能）を軸にして設計されている。職能資格等級制度はその色彩の強弱はあるものの，今もなおわが国の企業で見られることがある。昨今の職場学習に関する研究分野では，職務遂行能力に関連した概念として「職場における能力」と呼称することもある。いずれも伝統的心理学における能力すなわち知的能力に限定した意味ではなく，仕事を行うために発揮される能力というような意味で捉えられている。

　就職試験における選抜も将来の組織構成員を決定するという経営実践活動の1つである。また就職試験における選抜基準は，上述の通り，良い働きぶりを示す組織構成員の特性と深く関連するものであった。組織構成員の良い働きぶりは組織内においては人事評価として制度化され，測定・評価の対象になっている。したがって，就職試験の能力検査においては，入職後に職務遂行能力がどれだけ習得できる見込みがあるか，また基礎的・初歩的な職務遂行能力が既に備わっているかどうかが選抜の材料になる。

ⓒ 一般的・辞書的意味

　第3は能力を一般的・辞書的意味で捉えるものである。日常的な会話で能力というとき，辞書（小学館デジタル大辞泉）における「1　物事を成し遂げる

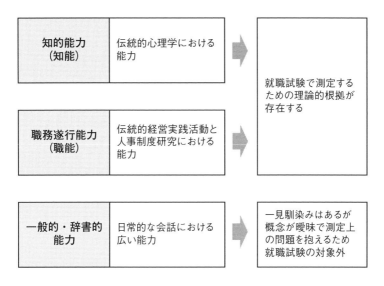

┃図表2-9┃ 就職試験における選抜と能力概念の関係

知的能力（知能）	伝統的心理学における能力	➡	
職務遂行能力（職能）	伝統的経営実践活動と人事制度研究における能力	➡	就職試験で測定するための理論的根拠が存在する
一般的・辞書的能力	日常的な会話における広い能力	➡	一見馴染みはあるが概念が曖昧で測定上の問題を抱えるため就職試験の対象外

ことのできる力」というような広い意味で用いられることが多いだろう。例えば，日常的な会話で「コミュニケーション能力がある」というように，何かができることを広く「能力」という語を用いて表現する。就職試験は上述の通りハイステークス・テストであり，要件の厳格さが強く求められる。よって，一般的・辞書的意味における能力は，その概念の広範囲性や曖昧さを理由として就職試験の能力検査の測定対象としないことが望ましい。

　ただし，わが国の新規学卒者の就職試験では外部の専門業者が開発した市販検査を適性検査として採用することが一般的であり，採用側企業が自社で開発することはほぼない。市販検査によっては上述の3つの能力の意味のうち知的能力に重きを置く検査もあれば，職務遂行能力に重きを置く検査もある。一方で，検査によってはどこに重きがあるのか不明であり，曖昧な構成概念に見えるものもある。こういった検査の場合，3つ目の意味である一般的・辞書的意味が混在していることも珍しくない。日常会話における能力の意味が適性検査における能力として設けられていることからその場の理解は得られやすいのだが，いざ測定を正確に行おうと質問項目や因子構造に落とし込むと，一般的・辞書的意味の能力ではその正確性が実現されないことが多い。元々曖昧な概念

を正確に測定するのは無理だからである（**図表２−９**）。

(2) 性格検査の理論

　性格検査は「明るさ」「誠実さ」などの性格特性への質問項目によって構成される。

　新規学卒者の就職試験における選抜では，能力検査の結果よりも性格検査の結果が重視されることが少なくない。能力検査は言語や数値処理などの基礎的な能力が測定対象であるため，書店で一般に販売されている対策本を読むことによって大きく点数が伸びることが広く知られている。このような場合，点数が上振れしてしまって選抜に寄与しないのである。さらに採用側としては言語や数値処理などの基礎的な能力に大きな問題がないということを前提にした上で，「どんな学生なのか」，つまり，その学生の「人となり」がより強い関心事になることが多いため，性格検査が重視されるのである。

　元々，性格（Personality：パーソナリティ）は経営学領域というよりも心理学領域で古くから発展してきた概念である。著名な心理学者である Allport & Odbert（1936）などの研究を端緒として，わが国では青木（1971）が，パーソナリティとは個人の傾向性を示す，一貫して永続的な意味を持つ特性表現である，と述べた。辻・藤島・辻・夏野・向山・山田・森田・秦（1997）は，通状況的一貫性と継時的安定性がパーソナリティ特性の特徴であることを報告し，高橋（2010）は，状況や時間を越えてある程度一貫し安定した，その人らしい独自の行動の仕方を決定する心理的特性で，すなわち通状況的一貫性と時間的安定性を備えているものである，とパーソナリティを定義した。パーソナリティの日本語訳としては人格，個性，性格などが従来はあてられてきたが，わが国では価値中立なパーソナリティという言葉が専門用語として用いられるようになった（高橋 2010）。諸学会における動向を見ると，日本語訳としては性格が用いられることがかつては多かったが，現在はパーソナリティと呼称されることが一般的になっている。

　パーソナリティ特性の学術研究において国内外でビッグファイブ（Goldberg 1990, 1992），ファイブ・ファクター・モデル（McCrae & Costa 1987）による５因子の枠組みが確固たる知見を積み重ねている（小塩・阿部・カトローニ 2012）。

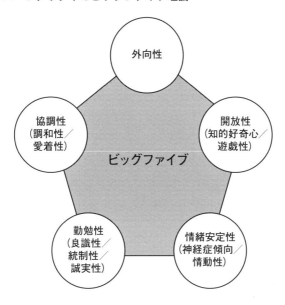

5因子とは，Extraversion, Agreeableness, Conscientiousness, Neuroticism, Openness to Experience または Openness などと称され，それぞれ外向性，協調性（調和性・愛着性），勤勉性（良識性・統制性・誠実性），情緒安定性（神経症傾向・情動性），開放性（知的好奇心・遊戯性）と，わが国では呼称される（和田 1996；下仲・中里・権藤・高山 1998；藤島・山田・辻 2005；村上・村上 2008；小塩ほか 2012）（**図表2-10**）。

Allport & Odbert（1936），Cattell（1943）などから研究が始まり，5因子の枠組みでパーソナリティを記述可能であることが徐々に明らかにされてきた。Mischel（1968）の議論を経た後，McCrae & Costa（1989），Isaka（1990），辻ほか（1997），内田（2002），John, Naumann, & Soto（2008）などの研究が蓄積され，わが国でも海外と同様の5因子構造が確認された（Yamagata, Suzuki, Ando, Ono, Kijima, Yoshimura, Ostendorf, Angleitner, Riemann, Spinath, Livesley, & Jang 2006など）。5因子の枠組みに則った日本語版尺度が複数開発され（和田 1996；下仲ほか 1998；藤島ほか 2005；村上・村上 2008；小塩ほか 2012），さらに昨今は質問項目を大幅に減らしても信頼性と妥

図表2-11 職場の問題を起こすDark Triadパーソナリティ

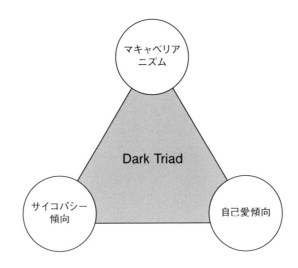

当性が確保された尺度が開発されるに至る（Gosling, Rentfrow, & Swann 2003）など，基礎的研究が完了に向かっている。

それを受けて，5因子の枠組みで性差や年齢差（Srivastava, John, Gosling, & Potter 2003；Terracciano, McCrae, Brant, & Costa 2005；Soto, John, Gosling, & Potter 2011；川本・小塩・阿部・坪田・平島・伊藤・谷 2015；岩佐・吉田 2018）などが取り扱われるようになってきている。さらに，5因子の枠組みは対人認知の次元でもあり（辻ほか 1997），対人特性を包含するモデルであることの実証もなされてきた（橋本・小塩 2018）。単に個人差を説明するだけでなく，対人関係上の問題への適用可能性も示され始めている。

職場における職務成果との関連についての研究がなされたのはパーソナリティ研究が始められてからしばらく経った後であり，海外を中心に行われてきた。例えば，Barrick & Mount（1991）は5因子を用いて性格検査の妥当性についてメタ分析を行い，Conscientiousness（勤勉性）が職務遂行能力の予測に役立つことなどを示した。5因子を用いた研究例としてはほかにも，Hough（1992），Salgado（1997），Judge & Bono（2001）などが海外でなされてきた。

ビッグファイブ以外にもパーソナリティ特性の研究は進められている。例え

ば，昨今職場の問題にも適用され始めている Dark Triad がある。問題行動を起こすパーソナリティ特性の3因子として Dark Triad が報告され（O'Boyle, Forsyth, Banks, & McDaniel 2012），実証分析がされ始めている（例えば Jonason & Webster 2010）。

Dark Triad の3因子とは，マキャベリアニズム，サイコパシー傾向，自己愛傾向である。田村・小塩・田中・増井・ジョナソン（2015）によればマキャベリアニズムは他者操作的で搾取的な特性（Christie & Geis 1970），サイコパシー傾向は利己性や希薄な感情を代表とする対人的・感情的側面と衝動性のような行動的側面を持つ特性（Hare 2003），自己愛傾向は賞賛や注目，地位や名声を求め，他者に対して競争的で攻撃的な特性（Raskin & Hall 1979）であると定義されている（**図表2-11**）。

就職試験の選抜場面における性格検査では，これら以外にも様々なパーソナリティ特性が測定されることがある。市販されている検査によってはビッグファイブなどの理論的根拠に基づいていると読み取れるものもあるが，検査販売業者が独自に考えていて，背景の理論的枠組みやパーソナリティ研究の長い歴史上への位置付けが外部からはわからないものや理論的枠組み自体が不確かなものも見られる。

(3) 適性検査の存立要件

以上を踏まえて，適性検査において「何が良い就職選抜なのか」を論じ，就職試験の選抜法として適性検査が存立するための要件を以下に明らかにする。

前節で論じたエントリーシートは，その歴史の浅さから理論的蓄積がほぼない中で存立要件を検討したが，本節で論じる適性検査は能力検査・性格検査ともに研究の歴史が長く，理論的蓄積が豊富である。そのため，就職試験で用いられる個別の適性検査が良い就職試験での選抜となるためには，それらの歴史と理論的蓄積を踏まえる必要がある。その上で，就職試験の選抜における適性検査の役割に鑑みるとき，適性検査の存立要件は以下の3つから定義される。

第1の存立要件は，適性検査の成績が面接と入職後の成績を予測できることである。これが3つの存立要件のうちで中核的な存立要件である。適性検査は，その結果によって面接対象者の事前の絞り込みが期待され，さらに面接での選

図表2-12 適性検査の中核的存立要件

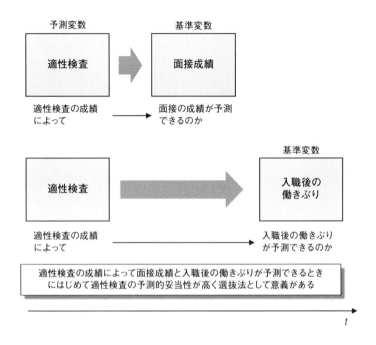

抜場面において，適性検査の成績が最終的な合否（内定有無）を検討する参考資料として参照されることもある。そのため，基準変数は面接成績だけではなく，入職後の働きぶりにまで拡張されると考えるのが適切である。入職後の働きぶりを予測できないのであれば，適性検査は合否を検討する選抜資料として，たとえ参考資料であったとしても適切ではないということになる（**図表2-12**）。

　海外の研究では，能力検査については上述の Hunter & Hunter（1984）のほかにも Pearlman *et al.*（1980），Schmidt *et al.*（1981）などの研究で予測的妥当性が報告されてきた。性格検査も上述の通り，Barrick & Mount（1991）などの研究で予測的妥当性が報告されてきた。

　一方，わが国に目を移すと，高橋・西田（1994）によるメタ分析で0.30などの妥当性係数が報告されたものの，それ以外の報告例が極めて少ない。さらに，実際の就職試験の本番環境で用いられる市販製品の適性検査の妥当性については商用尺度であるためビジネス上の機密性が高く，外部に客観的データが公開

されることがほぼない。商用で開発された市販の性格検査はビッグファイブの理論的枠組みではなく販売企業独自の枠組みに基づいて設計がなされ，その設計に則った報告がなされてきた（都澤・二村・今城・内藤 2005；二村・今城・内藤 2000）。その報告例であっても数は少なく，実態は外部からはわからない点が多い。

　第2の存立要件は，歴史的に蓄積された研究の理論的枠組みの上に検査が構成されていることである。上述の通り，能力については1900年代，性格については1930年代にまでその研究の歴史をさかのぼることができた。長い時間をかけて人間の能力と性格をどのように測定し，記述すべきかを世界中で論じてきたのである。わが国で市販されている個別の適性検査が，これらの膨大な知の歴史を覆すような大発見ができるとは考えにくいほど，世界中で長年の研究がなされてきた。程度の差はあろうが，理論的枠組みとして国内外の研究の蓄積の上に立ったものが望まれ，今日的な改修を行うとしてもその根拠が明らかにされるべきである。それが人類が長年築いてきた能力研究・性格研究への姿勢として必要であろう。

　第3の存立要件は，教科書的要件の深奥を理解していることである。教科書的要件の代表はクロンバックのアルファ係数である。やや理論に詳しい採用実務担当者は，適性検査の市販品を選定する基準としてクロンバックのアルファ係数の水準を確かめることがある。アルファ係数は内的一貫性（Internal Consistency）を示す値であり，0.70や0.80以上で問題がないと解釈されるのが一般的である。採用実務担当者はアルファ係数が高ければ高いほど良いと考えがちであるが，それは誤りを含んでいる。

　心理学や統計学に無知の者であっても，アルファ係数はどんどん上げられることをご存知だろうか。内容が極めて類似した質問項目を多く含めることで，その適性検査のアルファ係数はどんどん上がっていく。例えば，「外向性」という因子のアルファ係数が低かったとする。元々の質問項目に「私は明るいほうだ」というものがあれば，なるべく類似した質問項目を多く含めればアルファ係数はどんどん上がっていく。「私は他人よりも明るく振る舞うほうだ」「私は暗くない」などの質問項目がその好例である。このようないわば見せかけのアルファ係数の高さに惑わされないよう，アルファ係数を過信することは避け，

数値の裏側を見るようにしなければならない。

　安定性（Stability）も同様である。同じ学生に対して同じ適性検査を2回受験させても結果が変わらないことが，ある適性検査で報告されたとする。そのときの実験条件では，1回目の受験と2回目の受験の間で何もしていないことが多い。しかし，これは実態と大きく乖離している。1回目の受験でもし出来が悪ければ，対策本を書店で買って勉強するのが普通の学生である。その場合，2回目の受験結果は1回目と異なり，かなり高い得点が得られる。このような実態に即した実験条件が設けられた上での安定性かどうかをチェックする必要がある。見せかけの安定性に惑わされてはいけない。

　以上，読者が所属する会社ではいかがだろうか。これらの存立要件を全て満たした上で適性検査が用いられているだろうか。「うちの会社ではこの因子の得点に注目すればいい」などと運用上の留意点が設けられているかもしれない。しかし，その運用に科学性はあるのだろうか。過去のデータでたまたまその因子の得点の何点以上の人が入職後活躍しているとしても，統計的根拠や理論的根拠がない場合，再現性は低くなる。統計分析上出た結果が次もまた再現されるには数多くの研究の蓄積によって理論化されたバックボーンとなる枠組みが本来必要なのだが，実務ではワンショット（一度きり）の統計分析結果の数値が独り歩きしてしまっているケースもしばしば見かける。

‖ 図表2-13 ‖ 適性検査で陥りやすい罠

見せかけのアルファ係数への過信	見せかけの安定性への過信
ワンショットの統計分析への過信と再現性不足	一部のみへの主観的印象による全体評価

また，新規学卒者のうち目立った数名への印象を頼りに，「あの人の場合，ここの得点が高かったから入職後活躍しているのだ」とか「あの人の場合，ここの得点が低かったから入職後早くに辞めてしまったのだ」とか，一部の主観的印象を適性検査の結果と結び付けて適性検査全体への評価にしてしまっている企業例も少なくない（**図表2-13**）。

　適性検査もエントリーシートと同様に，就職試験の本番環境で用いられたリアルなデータは極めて希少であり，研究用に取得されて分析されることはこれまでほぼなかった。しかし，適性検査に毎年度予算をかけて利用するという費用が正当化されるのは，就職試験の本番環境で実施された適性検査のリアルなデータを用いて，面接と入職後の働きぶりへの予測的妥当性が高く認められたときに本来限られるのである。逆に，それが認められない場合，毎年度何のための予算をかけているのかの説明責任を果たすことはできない。これでは経営判断として大きく誤っていると言われても仕方がない。

3　面接

　面接は就職試験において主な選抜法であり，最終的な合格・不合格を決定づけるのは一般的に面接である。本節では面接について理論的検討を行い，存立要件を明らかにする。

⑴　面接の理論

　面接は，人と人とが一定の環境にあって，直接顔をあわせ，一定の目的を持って互いに話し合い，情報を交換したり，意志や感情を伝えたり，相談したり，問題を解決することと定義される（秋元 1965）。

　就職試験の選抜として中心的な位置を占めているのは面接である。苅谷・本田（2010）による日本国内大手企業への調査では，面接が就職試験で重要な位置付けにあることが報告された。大沢（1989）によれば，米国の調査で採用試験において面接を実施している企業は全企業の99パーセントにのぼり，わが国の企業の実態とほぼ等しいと報告された。同文献によると，就業希望者の数，面接回数，面接時間等を勘案して企業が動員している面接者の延べ人数は，国

内全企業で年間約2,000万人にものぼるという。海外における研究例でも面接が最もよく用いられる選抜法として位置付けられる（例えば Arvey & Campion 1982）。

ⓐ　面接の分類

　心理学的技法としての面接は2つに大別できる。1つは，問題や悩みを持った被面接者の要求に基づいて面接がなされる，治療等のための臨床的面接法である。もう1つは，あらかじめ調べたい事象を面接者が用意してそれを質問項目とし，面接者の動機に基づいて面接がなされる調査的面接法である（**図表2-14**）。

　臨床的面接法は，診断面接と治療面接に分けられる。診断面接では診断に必要な項目が構造化される。治療面接では必要な項目をあらかじめ用意するというよりも，あくまで治癒という目標に向かって面接が行われる。

　調査的面接は，質問項目の構造の厳密性や被験者の語る自由度によって，構造化面接と半構造化面接と非構造化面接に分けられる。就職試験における面接

|図表2-14| 心理学的技法としての面接の分類

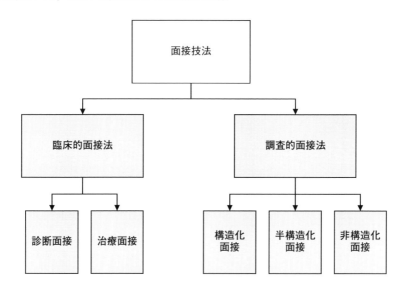

は，診断や治療を目的としていないため調査的面接法に属する。面接者の何らかの先入観や偏見などが面接結果に影響を与えることが明らかになるにつれて，調査的面接はいかに面接を客観的に行うかという点に注意を払って発展してきたという歴史がある（保坂・中澤・大野木 2000など）。面接過程の構造化はそのような背景で検討されてきたものである。

半構造化面接とは，一定の質問にしたがって面接を進めながら被面接者の状況や回答に応じて面接者が何らかの反応を示したり，質問の表現，順序，内容などを臨機応変に変えたりすることができる面接法とされる。構造と若干の自由度を併せ持つことが特徴である。構造化されていない部分については特に面接者の主観による評価に偏ってしまうリスクがあるため，面接者の技量や経験が強く求められる。非構造化面接はそれらの構造を持たず，自由度が最も高い面接法であり，面接者の主観による評価に偏るリスクが大きいとされる。

新規学卒者の就職試験は，当該企業であらかじめ設定された求める人材像に合致するかどうかの検査が目的であることから，半構造化面接でなく主に構造化面接が用いられる（大沢・芝・二村 2000）。構造化面接とは，面接における評価内容や質問を標準化し，面接者にあらかじめ付与する方法として定義される（Latham, Saari, Pursell, & Campion 1980；Janz 1982）。

面接者が評価している被面接者の特性は様々であることが指摘されており，一般知的能力（Huffcutt, Roth, & McDaniel 1996）やビッグファイブの誠実性（Cortina, Goldstein, Payne, Davison, & Gilliland 2000）などが報告された。何もしなければ，面接者による属人的な好みで，知的能力を好んで評価したり誠実性を評価したりしてしまう。そのため，面接者によって評価基準が散漫にならないように統一性を担保する手法として構造化面接が提案されてきた。

ⓑ　面接の信頼性

面接による選抜研究は海外を中心に行われてきた。他のアセスメントと同様，面接も被面接者の特性を測定することを目的とするため，信頼性と妥当性という伝統的な観点でその精度が問われてきた。信頼性が低ければ妥当性は低くなる。すなわち，測定値の安定性や一貫性が欠けている場合，予測変数側の面接評価値の測定が十分になされておらず，基準変数との関連を妥当性の観点から

検証する以前の問題があるため，面接研究は妥当性より前にまず信頼性検証が必要とされて先行研究が蓄積されてきた。

　面接の信頼性は一般的に評価者間信頼性を用いて検証される（Conway *et al.* 1995）。評価者間信頼性研究では面接者によって評価が一致することが期待される。面接者によって評価が異なることで多面的な人物評価に繋がるという指摘が想起されるかもしれないが，就職試験の選抜場面における制約条件として，採るか・採らないかという2値のいずれかを決定する必要がある。したがって，面接者によって評価値が全く異なる場合には，採るか・採らないかの判定において意味を持たないのである。

　例えば，ある面接段階において管理職級の面接者によって非常に優秀であり，入職後の職務成果が高く期待できると評価された学生が，次の面接段階である役員面接において取締役の面接者によりその逆の評価が与えられることは例外的にはあり得ようが平均的には望ましいことではない。同一の被面接者に対する評価が全く一致しない場合には，採るか・採らないかという判定を行うという選抜の目的にそぐわないからである。そこで，程度の議論は残るものの評価値の一致性は求められると解するのが適切であるという前提がそこにはある。

　面接の評価者間信頼性に関する主な学術研究の概観を**図表2-15**に示した。評価者間信頼性に関する海外の主な研究例として，1980年のLatham *et al.*による研究がある。同研究では0.76〜0.87を評価者間信頼性係数として報告した。その後，1990年代に入っても意欲的に実証研究がなされて，0.68（非構造化面接），0.84（構造化面接）（McDaniel *et al.* 1994），0.70（Conway *et al.* 1995）などの評価者間信頼性係数が報告された。さらに，海外の研究では評価者間信頼性係数を報告するのにとどまらず，評価者間の評価値の差異に影響を与える要因についての研究が進められてきた。

　面接者の所属組織に着目した分析例として，Bass（1951）は同一組織に所属する面接者間の場合には評価者間信頼性が0.74を示すのに対して，異なる組織に所属する面接者間のそれは −0.10となることを示した。本傾向はその後の研究（Arvey & Campion 1982）でも支持された。比較的近年の研究では，Rynes & Gerhart（1990）が同一組織所属の面接者間で0.49，異組織所属の面接者間で0.20の評価者間信頼性を報告した。

| 図表2-15 | 海外の主な面接研究例とわが国の状況

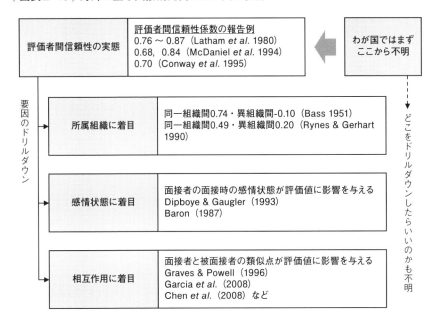

Dipboye & Gaugler（1993）は，複数の面接者間での評価値の差異を生み出す要因として面接者の面接時の感情状態などを挙げた。Baron（1987）も面接者の感情状態が評価値に与える影響を報告した。

面接者のみに着目した研究のみならず，面接者と被面接者の相互作用に関する要因に着目した研究もなされた。一般的に自分と類似した特性を持つ人に人間は魅力を感じることが古くから指摘されており（Byrne 1971），人事評価においても性格の類似性が影響を与えること（Strauss, Barrick, & Connerley 2001）から，面接場面で性別や人種といった類似点に関する研究（Graves & Powell 1996；Prewett-Livingston, Field, Veres, & Lewis 1996）や態度（Howard & Ferris 1996）についての研究が進められた。Posthuma, Morgeson, & Campion（2002），Garcia, Posthuma, & Colella（2008），Chen, Lee, & Yeh（2008）も被面接者が自分と似ていると感じることが面接者の感情に影響を与えることを示した。

一方で，わが国における評価者間信頼性についての研究に目を移してみると，

その研究例の少なさが際立ち，実態はあまりわかっていない。海外では評価者間信頼性の実態だけではなく原因にまでドリルダウンが進んでいるが，わが国ではドリルダウンする前にまず実態が不明である。よって，どこをドリルダウンすればよいのかも定かになっていない。

(2)　面接の構成要素

　面接結果を要素分解すると2つに細分化される。面接結果の総合成績たる「総合評定値」と，面接基準別の個別成績たる「評価要素別評定値」である（**図表2-16**）。

　「総合評定値」を用いた方法では総括的に面接の有効性を評価できる利点がある。この「総合評定値」に着目したわが国の数少ない研究例として，二村（2003）や鈴木（2013）による評価者間信頼性研究がある。二村（2003）では0.32～0.73，鈴木（2013）では -0.09～0.46の評価者間信頼性が報告されたが，わが国の研究においてその値域への一定の解釈はいまだ得られておらず，今後の実証分析例の蓄積が待たれるところである。

　総合評定値を用いた方法は，選抜法としての面接の総括的検証が可能である一方で，結果を生み出した背景については実証というよりも考察を行うにとどまってしまう。そのため，評価者間信頼性を改善するための方略を得るには限

| 図表2-16 | 面接結果の要素分解

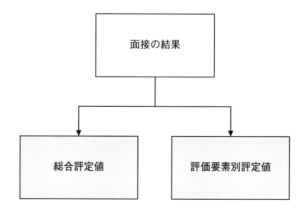

定的な示唆しか得られない。そこで，望ましくは総合評定値を要素分解して各評価要素別の評定を分析することで，評価者間信頼性についてのより詳細な知見を得ることができればよい。

　そこでもう1つの「評価要素別評定値」に着目した研究の必要性が高まる。構造化面接では，評価するポイントをいくつかの細分化された要素（評価要素）にあらかじめ分けて設定した上で面接者に付与することが一般的である。求める人材像の評定にあたって，ただ単に合致するか否かという単一の総合的尺度で測定するのでなく，例えば，志望動機の適切さや誠実さなどの様々な個別の特性に分けて評定値を付す方法が評価要素別評定値の考え方である。評価要素に分解した上で，それを面接での選抜に用いる際には，「行動結果面接（Behavioral Event Interview）」といった理論（上林ほか 2010）も用いられることがある。

　就職試験の選抜場面での面接の評価要素別評定値に着目した研究例は極めて少ない。特にわが国においては数例を除いて見当たらない。面接の評価要素については，米国よりもわが国のほうが抽象的な項目を含むという指摘がある（水井 1997；二村 2005）が，高い抽象化に伴う面接者の主観的・恣意的判断を防ぐ意味で評価要素の細分化とその検証は，特にわが国における課題であるとも言える。

　二村（2003），鈴木（2014a, 2014b）は，就職試験の選抜場面における面接の評価要素に着目した国内の数少ない貴重な研究例である。二村（2003）は，構造化面接を行う国内企業1社を対象に面接の評価要素別の評価者間信頼性を検証した。評価要素は「自立的・自律的」「知的香り」などの5つであった。分析の結果，総合評定値による評価者間信頼性が0.44～0.73であったのに対して，評価要素別の評価者間信頼性は0.20～0.59と相対的に低い値が示された。鈴木（2014a, 2014b）は，構造化面接を行う国内企業2社（甲社，乙社）を対象に面接の評価要素別の評価者間信頼性を検証した。評価要素は甲社では「仕事への姿勢」「困難への対応力」などの5つ，乙社では「対人関係構築」「論理性」などの5つであった。分析の結果，甲社では -0.18～0.43，乙社では -0.07～0.41の評価者間信頼性が報告された。

　評価要素別評定値を用いた評価者間信頼性について，わが国の研究ではその

値域についての一定の解釈はいまだ得られていない。

(3) 面接の存立要件

　以上を踏まえて，面接において「何が良い就職選抜なのか」を論じ，就職試験の選抜法として面接が存立するための要件を以下に明らかにする。

　就職試験における面接が調査的面接法に属しており，歴史的にその構造化が求められてきたことを踏まえると，着目すべき面接結果としては総合評定値というよりも，評価要素への細分化という構造化がさらに進んだ評価要素別評定値が適切となる。面接では妥当性よりも評価者間の評価の一貫性が強く求められてきた研究動向を踏まえると，評価要素別評定値をデータとしたときの評価者間信頼性が高く認められることが，その後の妥当性検証などの研究の出発点にもなる。

　面接は入職後の働きぶりの良さを期待して評価がなされているため，面接の成績によって入職後の働きぶりが予測できることも求められる。面接の成績が低くて，いわばぎりぎりで補欠内定した者が入職後に圧倒的に活躍し，一方で，面接の成績が大変優秀で早々に内定を得た者が入職後に全く活躍できずに早期離職するようなことが平均的に常態化してしまっていては，何のための面接かわからなくなる。

　以上から，就職試験における選抜法としての面接の存立要件は，まず出発点として評価要素別評定値を用いた面接における評価者間信頼性が高く認められること，である。その次の段階として，面接成績が入職後の働きぶりに対して高い予測的妥当性を示すこと，と定義される（**図表2-17**）。

　評価要素別に分解しておきながら評価者間信頼性が認められない，つまり面接者がそれぞれの思い込みや好みで就職活動生を評価し，採るか・採らないかを決定しているとき，その面接はもはや調査的面接法ではなく，もちろん臨床的面接法でもない。それは面接というよりも雑談に過ぎない。時間と費用をかけて雑談をしているのであれば，誤った経営資源配分として大きなメスを入れるべきである。しかし現状，どこにどのようなメスを入れるのがいいのか，そもそもメスを入れるべきなのかがわかっていないのである。わが国の実証研究例が圧倒的に不足しているためである。

図表2-17 面接の存立要件

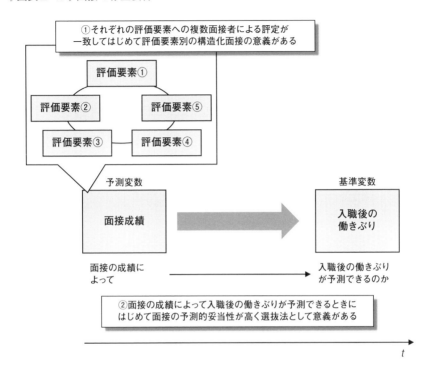

① それぞれの評価要素への複数面接者による評定が
一致してはじめて評価要素別の構造化面接の意義がある

評価要素①

評価要素②　　評価要素⑤

評価要素③　　評価要素④

予測変数　　　　　　　　　　　　　　　　　　　　基準変数

面接成績　　　　　　　　　　　　　　　入職後の働きぶり

面接の成績に
よって

入職後の働きぶり
が予測できるのか

② 面接の成績によって入職後の働きぶりが予測できるときに
はじめて面接の予測的妥当性が高く選抜法として意義がある

t

　読者が所属する会社ではいかがだろうか。この存立要件が満たされているだろうか。面接を構造化したものの，後は現場の面接者任せになってしまっていないだろうか。例えば，評価要素ごとの複数の面接者の評価間の相関係数は適切に算出されているだろうか。

　エントリーシートや適性検査と同様に，面接について就職選抜論としての研究を進める上では，就職試験の本番環境で実際に面接された評価要素別評定値のデータの取得が必要になる。一方で，就職試験の本番環境データは極めて希少であり，研究に用いられることはほぼなく，ここでも研究を進める上での難しさが存在する。その結果，わが国の面接の実証研究はあまり進んでいないのである。

第 **3** 章

実証分析のデザイン

本章では，第4章から第6章の各実証分析で扱うリサーチクエスチョンとアクションについて論じる。加えて，リサーチデザインと各章で用いる調査データの概要をまとめることで各実証分析をどのように行うかを述べる。

1　リサーチクエスチョンとアクション

本節では，本書の目的と各選抜法の存立要件を踏まえて第4章から第6章で扱うリサーチクエスチョンとアクションを定義する。

(1)　3つの目的との対応関係

既に述べた本書の目的と各選抜法の存立要件に基づいて，第4章から第6章では以下の3つのリサーチクエスチョン（Research Question：RQ）を設けた。さらに，それぞれに対応するアクションに取り組んだ（**図表3-1**）。

本書の目的1は，就職選抜についての理論的検討を行い，「何が良い就職選抜なのか」を明らかにすることであった。この目的に対応して第1章および第2章の理論的検討を行った。

本書の目的2は，就職選抜についての実証的検討を行い，「わが国の就職選抜の実態と課題」を明らかにすることであった。本書では実態と課題を明らかにするために，すべてのリサーチクエスチョンにおいて極めて希少な就職試験

｜図表3-1｜ リサーチクエスチョンとアクションの全体像

リサーチクエスチョン1	リサーチクエスチョン2	リサーチクエスチョン3
わが国の企業で実施された就職試験の本番時に提出されたエントリーシート内の就業希望文が面接成績に対して予測的妥当性を持つか	わが国の企業で実施された就職試験の本番時の性格検査の成績が面接成績と入職後の職務成果に対して予測的妥当性を持つか	わが国の企業で実施された就職試験の本番時の評価要素別評定法に基づく面接において評価者間信頼性が認められるか

アクション1	アクション2	アクション3
エントリーシートの就業希望文の特徴を用いて面接成績を予測する方法を検討し，実践後の成果を示す	性格検査によって入職後の職務成果を予測する方法を検討し，実践後の成果を示す	評価要素別評定法に基づく面接において評価者間信頼性を高める方法を検討し，実践後の成果を示す

の本番環境データをわが国の企業から取得する。実態と課題を明らかにするための各リサーチクエスチョンは，各選抜法の存立要件と対応して導出した。リサーチクエスチョン1はエントリーシートの存立要件，リサーチクエスチョン2は適性検査の存立要件，リサーチクエスチョン3は面接の存立要件に対応して導出した。第4章ではリサーチクエスチョン1に答えるためのエントリーシートの実証分析，第5章ではリサーチクエスチョン2に答えるための適性検査の実証分析，第6章ではリサーチクエスチョン3に答えるための面接の実証分析を行う。

　本書の目的3は，明らかにされた課題を「どのように改善するのか」を示すことであった。本書は単なる実証分析にとどまるものではない。実証分析の結果，実態と課題を机上で論じて終わるのではなく，実践的にアクションを起こし，課題を改善して得られた経営成果を報告する。これが本書のユニークなところであり，オリジナリティでもある。本書がまず経営層や人事担当役員を想定読者としているのは，このアクションにより生まれた効果を論じていることが背景にある。

　以下に各リサーチクエスチョンと各アクションについて詳しく述べる。

⑵　リサーチクエスチョン 1 とアクション 1

　リサーチクエスチョン 1 は，エントリーシートについてのものである。エントリーシートから一体，就職活動生のどのような特性が把握可能なのかについての実証分析はこれまでほぼなされていない。エントリーシート以外の外部変数との比較による妥当性検証もほぼなされていない。これらの既存研究の課題に対する新たな試みとして本書のリサーチクエスチョン 1 は位置付けられる。

　外部変数の選び方について以下に補足する。一般的に，エントリーシートが直接的に最終の採用・不採用を決定することは稀である。面接対象者の事前の絞り込みのためというケースが多く，また一部の企業では面接での選抜における補助資料としてエントリーシートが用いられる。

　よって，エントリーシートに対する外部変数としては，入職後の職務成果ではなく就職試験においてエントリーシートの後に実施される面接成績で捉えるほうがエントリーシートに期待される役割との整合性が高い（**図表 3-2**）。外部変数として職務成果を用いることの意義を否定するものではないが，エントリーシートに関する研究の少なさに鑑みると，現時点でまず解決すべき課題は面接成績との関連において論じられるべきだろう。

　外部変数として面接成績を用いるには前提がある。面接の信頼性が高く，面

図表 3-2 リサーチクエスチョン 1 の構造

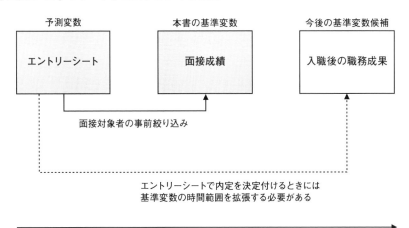

接の入職後職務成果への妥当性が高いという前提である。データを取得した企業においては当初，面接の評価者間信頼性が低く，入職後の職務成果への予測的妥当性が低い結果が得られたが，それから面接の見直しを大幅に行い，信頼性と妥当性を高めた。第4章ではその後のデータを用いた。

リサーチクエスチョン1の検討の結果，後述する通り，エントリーシートの就業希望文の面接成績に対する予測的妥当性が十分ではなかった。そこでアクション1を実践した。アクション1では就業希望文から文章の特徴を見出す方法を理論的に検討した上で，それをデータに適用して高い予測的妥当性を得ることに成功した。第4章ではこれらの内容を詳述する。

(3)　リサーチクエスチョン2とアクション2

リサーチクエスチョン2は，適性検査についてのものである。実際の就職試験の本番環境で用いられた適性検査について，外部変数を用いて予測的妥当性が検証された研究例はこれまで非常に少ない。その課題に対する新たな試みとして本書のリサーチクエスチョン2は位置付けられる。

リサーチクエスチョン2では適性検査のうち性格検査に限定して問いを立てている。データを取得した会社では，言語や数値処理などの基礎的な能力に関する検査結果は見ておらず，性格検査を選抜に用いていた。上述した通りの一般的な適性検査の活用方法と同様の会社であった。

外部変数の選び方について補足する。エントリーシートと同様に一般的に，適性検査が直接的に最終の採用・不採用を決定することは稀であり，面接対象者の絞り込みのため，また面接での選抜における補助資料として適性検査が用いられることが多い。ただし，適性検査によっては最終面接前などの最終段階の採用・不採用の決定に近い選抜場面で用いられることもある。エントリーシートが最終面接前に就職活動生に課されることはないが，適性検査が最終面接前に課されることはある。企業によってはエントリー時には簡便な適性検査のみをエントリーした就職活動生全員に課して，選抜が進んでいったときに最終面接前などで本格的な適性検査を最終面接対象者に課す場合もある。

その差異を踏まえると，適性検査の実証分析における外部変数として面接成績だけでは不十分である。面接対象者の絞り込みだけというよりも入職後に良

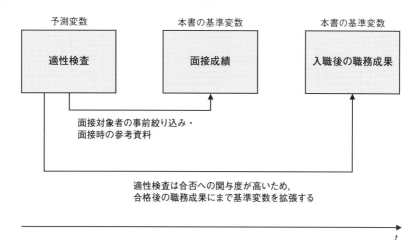

図表3-3 リサーチクエスチョン2の構造

予測変数

| 適性検査 |

本書の基準変数

| 面接成績 |

本書の基準変数

| 入職後の職務成果 |

面接対象者の事前絞り込み・
面接時の参考資料

適性検査は合否への関与度が高いため,
合格後の職務成果にまで基準変数を拡張する

t

い働きぶりを示してくれそうかを期待して適性検査を用いていることも想定すると外部変数を入職後の職務成果にまで拡張することが望ましい。そのような構造で捉えるとき,適性検査に期待される機能は面接対象者の適切な絞り込みができること,そして入職後の職務成果が高い就職活動生を選抜できることである（**図表3-3**）。

　なお,外部変数となる面接及び入職後の職務成果のいずれも信頼性と妥当性が高いことがここでも求められるのは言うまでもない。第5章でデータを取得した企業においては,それらの信頼性と妥当性が高められた後のデータを用いた。

　リサーチクエスチョン2の検討の結果,後述する通り,性格検査について面接成績と入職後の職務成果に対する予測的妥当性が十分ではなかった。そこでアクション2を実践した。アクション2では性格検査を新たに開発し,高い予測的妥当性を得ることに成功した理由について論じる。なお,データ取得の制約から,アクション2においては面接成績を扱わずに入職後の職務成果のみを扱った。第5章ではこれらの内容を詳述する。

⑷ リサーチクエスチョン３とアクション３

リサーチクエスチョン３は，面接についてのものである。実際の就職試験の本番環境で行われた面接について，評価要素別評定値を用いて評価者間信頼性が検証された研究例はこれまで非常に少なかった。その課題に対する新たな試みとして本書のリサーチクエスチョン３は位置付けられる。

リサーチクエスチョン３では入職後の職務成果に対する予測的妥当性については取り扱っておらず，面接の評価者間信頼性に限定して問いを立てている。上述の通り，出発点となる存立要件に焦点をあてた結果である。面接者２名による面接者間の評価者間信頼性を５つの評価要素別に検証する。評価要素間の関係性についても議論する（**図表３-４**）。

なお，予測的妥当性については著者による別の研究（鈴木 2013）を参照されたい。鈴木（2013）を見ても，就職試験の本番環境における面接結果が高い予測的妥当性を示すにはまだほど遠いことがわかる。そのため，本書ではまず出発点として評価者間信頼性の基盤を作ることに着眼した。

リサーチクエスチョン３の検討の結果，後述する通り，面接の評価要素別評定値の評価者間信頼性が十分ではなかった。そこでアクション３を実践した。アクション３では評価者間信頼性という概念を通して面接の質がいかに高めら

│ **図表３-４** │ リサーチクエスチョン３の構造

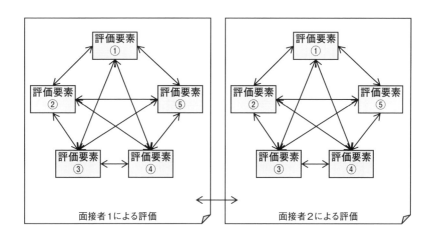

れたかの事例を紹介する。第6章ではこれらの内容を詳述する。

2　リサーチデザインとデータ

　本節では全てのリサーチクエスチョンに共通するリサーチデザインを述べる。加えて，リサーチクエスチョンごとのデータの概要をまとめて述べる。

⑴　リサーチデザイン

　本書ではリサーチクエスチョン・アクションごとに，わが国の実在する企業から就職試験の本番環境におけるリアルなデータを取得した。リサーチクエスチョン1・アクション1ではA社，リサーチクエスチョン2では実態の明確化と課題の分析にB社，アクションにC社，リサーチクエスチョン3・アクション3ではD社のデータを取得した。以上の通り，本書では基本的に1つの企業実例から1つの結果を論じるという「単一事例研究」のリサーチデザインを採用した。

　1つの事例によって研究報告を行うと十中八九，以下のような質問がくる。「その結果はどこまで一般化できますか？」である。この質問は確かにその通りという面もある。しかし，一方ではリサーチデザインについての実務家の知識不足が露呈されてしまっているという面もある。それを理解するためには，「一般化（Generalization）」の概念をより深く知る必要がある。

　一般化は，膨大なデータによって初めてなされるという認識があるかもしれない。膨大なデータを集める方法として無作為抽出法による大規模調査がある。無作為抽出法で膨大なデータから導かれる平均値などの成分は，各個別の事例が均質であることを前提にしている。平均値算出過程においては結果として一般性に強く影響を与えるような傾向を有する企業データであっても，一般性に弱く影響を与えるような傾向を有する企業データであっても，どちらも「1」として等しい価値に扱われる。

　就職試験の選抜法のように，本番環境のリアルなデータに基づく実態把握が十分に進んでいない分野においては，一般化する前の段階として1つの事例ですらその実態が把握できていない。そのため，多くの事例を並べて，それらが

一般性への影響において全て均質であるとの仮定を設けるには，その仮定が強すぎる可能性がある。そのとき，一つひとつの事例に根付いて深く洞察することの必要性が生じる。

　つまり，膨大なデータを集める大規模調査では個別事例に特有の要因を排除できるという利点がある反面，各事例に固有の状況は捨象されている。100社のデータを集めて分析するときに，1社ずつに固有の詳細なデータを得ることは難しく，調査票（アンケート）への回答しか得られないことが多い。ある大規模調査の質問票で，ある質問項目に対する回答選択肢「とてもあてはまる」という回答が同じだったとしても，どのように強くあてはまったのか，という回答の背後にある詳細な固有の状況はわかり得ない。

　例えば，「日本人はテレワークが苦手である」と言われることがある。当然，日本人とはわれわれ一人ひとりから構成される集団を指す。無作為抽出により1万人の日本人のテレワークへの意識に関する回答が得られたとしよう。しかし，読者の中にはテレワークが快適であり，むしろ便利だと感じている人たちもいるだろう。ITの知識に詳しい人などはテレワークの恩恵を享受しているはずだ。しかし，そうではない人たちもいて，テレワークが推奨されているのに業務の必要性からというよりも自分の好みでオフィスに出社することを選ぶ人もいる。それなのに，これらの逆の性質の人たちを全て一緒の日本人という集団に押し込んで平均値を算出して「日本人の平均」を論じることにどれだけの意味があるだろうか。テレワークに前向きな人たちが集まっている組織もあれば，後ろ向きな人たちが集まっている組織もある。重要なのはそれらの組織別に何が起こっているのか，背後にある詳細な実態を把握して深く洞察することである。

　このように複数の個々があったとしても，把握の枠組みが定まらないままでは統計分析結果の数値だけが背景なく一人歩きしてしまう。大量のデータを集めたからといって，一足飛びに全ての事例を説明可能な理論として「一般化」し得る結果が得られることを期待するのは難しい（**図表3-5**）。

　一足飛びに一般化することの難しさについて歴史を紐解いてみよう。例えば，海外における面接研究では，1916年に営業社員に対する面接法が提唱され（Lynch 1968），数々の試行錯誤を経て構造化面接法が検討されて，McDaniel

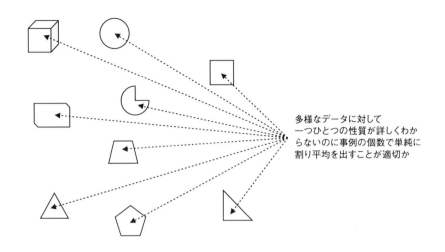

多様なデータに対して
一つひとつの性質が詳しくわか
らないのに事例の個数で単純に
割り平均を出すことが適切か

et al.（1994）による構造化面接に関する167の研究をまとめた実証分析，
Conway *et al.*（1995）による構造化面接法に関する111の研究をまとめた実証
分析が行われた。つまり，構造化面接法に関する知見が確立されるには個別の
研究がまず存在して，それらを束ねるメタ分析がなされ，一般化による理解に
至ったのである。それに要した時間は半世紀以上である。

　わが国のこれまでの研究・実践例を見ると，エントリーシートの活用方法を
とっても各事例を通して一様ではなく様々であるし，適性検査や面接も同様で
ある。そうであれば，一つひとつの事例についてのリアルなデータに根付いた
上で深く洞察することから始めるのが適切だ。

　なお，例えばエントリーシートであれば，自己PRや志望動機などの一般的
な質問項目が含まれているか，文字数は一般的な文字数か，エントリーシート
によって最終的な採用・不採用を決めるものではなく，面接対象者の絞り込み
を期待するものと位置付けられているか，などの一般的態様との差異の有無を
あらかじめ丁寧に見ることで，単一事例からどの程度一般化を考察できるのか
を論じることもできる。適性検査や面接も同様である。

　単一事例研究は，研究法として国内外で認知されているリサーチデザインの

類型である。1つの事例についての豊かな情報が得られるため，未知の対象への深い理解が可能になる。就職試験の選抜法は実態と課題が未知な部分が多いため，検討する対象とリサーチデザインの整合を担保すべく，本書では単一事例研究を採用した。

単一事例研究では個人や企業についての詳細なデータが得られるため，情報の機密性や個人情報に留意が強く求められる。本書では，全般にわたって個人や企業が特定される記述は削除し，かつ，データ提供元企業との協議によって個人情報および企業情報への配慮を入念に行った。

⑵　エントリーシートのデータ概要

第4章の実証分析で用いたデータ概要を以下に述べる。

日本国内企業A社から実際の就職試験の本番環境で就職活動生から提出されたエントリーシートのデータおよび面接のデータを取得した。

機密性の観点から業界は公開していない。就職試験の詳細も同様に公開していないが，就職試験の過程はウェブサイトによるエントリー，会社説明会実施，エントリーシートによる書類選抜，複数回の面接という一般的なものであった。就職活動生は大学生4年生であった。

エントリーシートによる選抜は，一次面接対象者の事前の絞り込みを目的にしたものであった。エントリーシートによる選抜の評価者は人事部担当者であった。複数名の評価者による評価は行わず，一人の担当者によってエントリーシート段階での合否が決定された。選抜基準は，自社で採用したいかどうかという概括的なものであり，担当者の判断に委ねられていた。

エントリーシートは，就職活動生がA社により指定されたA4規格紙の枠内に手書きで記入するものであり，コンピュータ入力は許可されていなかった。そのため，分析用にテキスト入力を行った。エントリーシートに設けられた質問項目は「自己PR・志望動機」であり，一般的な内容に類するものであった。

取得されたエントリーシートを観察すると，氏名，住所，所属大学，教育歴，卒業論文題目，自己PR・志望動機を記入する欄に分かれていた。本研究で取り扱ったのは氏名や教育歴などでなく，自己PR・志望動機という，就業を希望する意思に関連した自由記述の就業希望文であった。

面接のデータとしては，エントリーシートによる選抜のすぐ後に実施される一次面接の成績を取得した。面接は評価要素別の基準があらかじめ定められて，質問項目もその各評価要素に紐づいてあらかじめ定められた。総合評定値として「合格」と「不合格」のいずれかを面接者間で協議の上で決定した。「合格」とは次の段階の面接（二次面接）に進むことを意味した。面接者は 2 名により構成された。

　一次面接の合格者は，その後の面接段階における優先順位が高く設定され，迅速に面接のスケジューリングがなされた。一方で，一次面接で不合格の評価であっても，合格の評価に近い場合には面接者と人事部の事後協議によって次段階の面接に進むことができる運用を施しており，補欠合格として扱われた。一次面接に当初から合格した者の中からその後に辞退者がある程度の人数生じるのを想定した運用であった。ただし，補欠合格者は当初から合格と決定された者とは異なり，その後の面接段階における優先順位が低く設定された。

　データ取得上の制約から，A 社に最終的に内定して入職した者のみのデータが得られた。不合格者や辞退者は採用目的にのみエントリーシートや面接を行うことを就職試験において就職活動生に伝達していたため，データ取得ができなかった。その結果，第 4 章の分析に用いた対象者は42名となった。42名のうち，一次面接で当初から「合格」とされて内定まで至った者は23名（以下，便宜的に「合格群」と呼ぶ）であった。一方で，一次面接で一旦不合格となった後に補欠合格者になり，その後の面接を進んで内定まで至った者は19名（以下，便宜的に「不合格群」と呼ぶ）であった。A 社のデータ概要を**図表3-6**に示した。

| 図表3-6 | A社のデータ概要

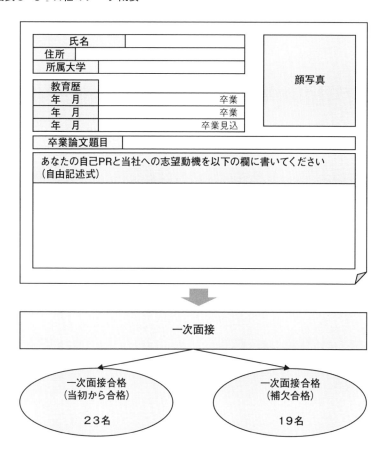

(3) 適性検査のデータ概要

第5章の実証分析で用いたデータ概要を以下に述べる。

日本国内企業B社から実際の就職試験の本番環境で就職活動生（主に大学生）に課した適性検査のデータ，面接のデータ，さらに入職後の人事評価のデータを取得した。A社と同様にB社についても機密性の観点から業界や就職試験の詳細は公開していないが，就職試験の過程はA社とほぼ同じ一般的なものであった。

B社では，エントリーシートと適性検査の結果を併せて選抜のための材料と

して用いて次の段階の選抜過程である一次面接に進めるか否かが決定された。一次面接の後には二次面接，最終面接が続いた。適性検査の結果は一次面接，二次面接，最終面接でも合否を決定する参考資料として用いられた。

　適性検査は能力検査と性格検査が含まれるものであった。どちらの検査も就職活動生に受験を求めたが，B社では能力よりも競争の厳しい社風への馴染みやすさを測定することを狙って性格検査を選抜に活用した。

　一次面接，二次面接は面接者３名により標準的に構成された。最終面接は役員複数名が面接者となって構成された。最終面接といっても形式的な顔合わせの場ではなく，内定の可否についての実質的な選抜が行われた。面接は構造化面接法に基づいて実施された。

　データ取得上の制約から，B社に最終的に内定して入職した者のみのデータが得られた。その結果，特定の３年度内にB社に入職した150名のデータが取得された。150名は全員性格検査を受験した者であった。性格検査については，総合得点から算出された７段階の総合ランクのデータが得られた。また，150名は性格検査とともに全員面接も受験した者であった。選抜材料として用いられたのは面接の総合評定値であり，４段階のランクのデータが得られた。一次面接，二次面接，最終面接のデータが得られた。

　さらに，最終面接で内定を得た後について追跡調査を行った。入職して３年間の追跡調査を行い，入職後１年目から３年目の人事評価データを取得した。入職後の人事評価は行動評価と業績評価によって構成され，年度単位で給与や賞与などに反映された。競争の激しいB社では１年目から目標を持ち，達成することが求められており，人事評価結果は１年目から社員によって差が生じる運用が徹底されていた。人事評価データの分析にあたっては，３年度全ての行動評価・業績評価のデータが揃う者84名を対象にした（グループ内の他社への異動などによりデータが欠損した者を150名から除いた）。

　以上，就職活動生であった時点から入職後３年間の人事評価がなされるまでの合計約４年間の追跡により，縦断調査を行ったデータを分析した。B社のデータ概要を図表3-7に示した。

　性格検査の結果が得られた後，面接結果がわかるまでは数日から数週間程度であることから時間範囲に関する議論は生じない。一方で，入職後の人事評価

図表3-7 B社のデータ概要

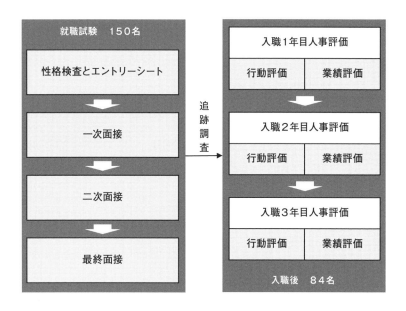

結果については，性格検査が実施された後，年単位での時間が経過するため時間範囲の検討を以下の通り行った。

　入職後どの程度の時間が経過した時点での人事評価を用いるべきかについては，例えば，山本・中川・中山・清水（1998）は10年後の人事評価データを基準変数として用いた。二村ほか（2000）は，適性検査の予測的妥当性に関して数年後の人事評価での勤労成績を基準変数として用いた。

　やや視点を変えてみると，人事評価は，大学院という場においては入学後の学業成績とも読み替えられるが，財団法人日弁連法務研究財団等により組織されている適性試験委員会（2007）によると，北米のロースクール（法科大学院）の出願者に課すLSAT（Law School Admission Test）では，法科大学院を運営する各学校と共同して半世紀以上にわたりLSATの品質管理に努めており，そこでは予測的妥当性を評価するための基準変数として，大学院入学後1年時のGPA（Grade Point Average：科目成績の平均値）が用いられていることが報告された。

このように，予測変数の測定時から見た基準変数測定時までの時間範囲については様々であり，ロースクールの場合には修了までの時間が短いことから早期に成績の創出を求め，また産業界においては業界や企業の特性によってどの時点で成果の創出を求めるかに依存し，一定の制限はないものと考えるのが適切である。二村ほか（2000）によれば，基準変数の選び方は一通りでなく，検査の目的によって異なるとされている。入職後，どの時点で成果の創出が期待されるのか，言い換えれば個人間で評価結果の差異が生じるのはいつの時点なのかを検討すべきである。入社１年目から評価結果の差異を設けているような場合には，１年目の人事評価から基準変数に含めて検討されるべきである。

第５章では，さらに日本国内企業Ｃ社から適性検査，人事評価の各データを取得した。Ｃ社では自社独自の適性検査の開発に乗り出した。まず組織で中核的役割を担う社員33名へのインタビュー調査を行い，業績の出方を確認した。それをもとに独自に適性検査のパイロット版を開発した。次に社員306名へのパイロットテストを行い，その適性検査の精度を確認した。その上で就職活動生向けへの本格導入を始めた。Ｃ社は上述したＢ社で確認された課題についての解決事例として述べた。Ｃ社のデータ概要を**図表３-８**に示した。

│ **図表３-８** │ Ｃ社のデータ概要

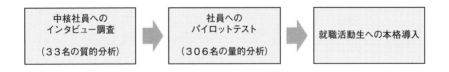

⑷ 面接のデータ概要

第６章の実証分析で用いたデータ概要を以下に述べる。

日本国内企業Ｄ社から実際の就職試験の本番環境で就職活動生（主に大学生）に面接をしたときに得られた面接成績データを取得した。面接の中でも最終的に内定を出すか否かが決定される重大場面である最終面接におけるデータを取得した。

Ｄ社から取得したデータは，177名の就職活動生それぞれ１名に対して２名

の面接者が行った各面接の評価値であった。面接者1には取締役が，面接者2には事業部長が任命された。取締役は事業部長の上位の役職であった。面接者1には9名の取締役から1名任命され，面接者2には10名の事業部長から1名任命された。

　面接者1には取締役a氏（以下，単にaと記述する）と取締役b氏（以下，単にbと記述する）が多く任命され，それぞれ71回と80回任命された。最終面接の受験者177名のうち，取締役aが71名を，取締役bが80名を担当したということである。面接者2には事業部長aa氏（以下，単にaaと記述する）と事業部長ab氏（以下，単にabと記述する）が多く任命され，それぞれ85回と70回任命された。177名は全てD社への入職者であった。D社に入職していない者は雇用関係がないことからデータ利用に制限があり，入職者のみをデータ分析に用いた。

　面接の評価要素はD社における望ましい人材像であり，「社会人の態度」「対人関係力」「性格の適合度」「誠実さ」「業績創出可能性」の5個が設けられた。D社のデータ概要を**図表3-9**に示した。

| 図表3-9 | D社のデータ概要

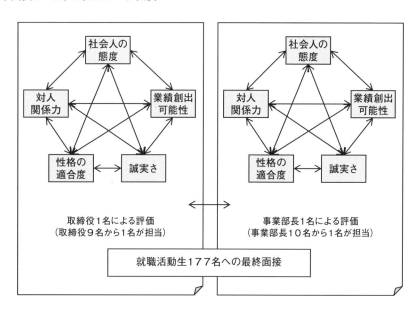

第 **4** 章

エントリーシートの実証分析

本章は，リサーチクエスチョン1に答えることを目的とする。その上で，アクション1に取り組んだ結果を述べる。

1　主観だけに頼ったエントリーシート判定の課題

本節では，A社において従来行われていた，採用実務担当者の主観のみによるエントリーシート判定の課題を明らかにする。

(1)　判定基準とゆらぎ

上述の通り，A社におけるエントリーシート判定の基準は，自社で採用したいかどうかという概括的なものであり，担当者の判断に委ねられていた。A社では，主観のみに頼ったエントリーシート判定の問題を客観的に可視化するために，本採用活動に関与していない別の人事部担当者が後日，前述の42名（合格群に23名が評価され，不合格群に19名が評価された前述と同じ対象者）のエントリーシートを新鮮な目で見て，同じ判定基準（就業希望文を見て自社で採用したいかどうかという概括的な基準）でエントリーシートの判定を行ってみることにした。この別の人事部担当者によって評価された時点では既に一次面接の結果を含む合格・不合格の結果は全て出ていたが，一次面接を含む全ての結果を見ない状態で，つまり本番の就職試験でのエントリーシート判定と

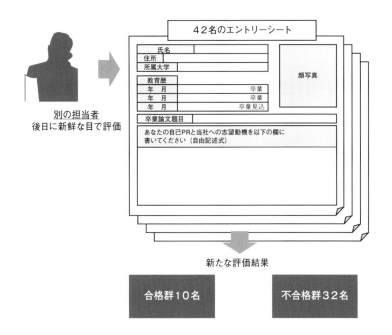

│ 図表4-1 │ 主観のみでは評価者が変われば評価結果が大きく変わる

別の担当者
後日に新鮮な目で評価

42名のエントリーシート

氏名	
住所	
所属大学	

顔写真

教育歴
年　月	卒業
年　月	卒業
年　月	卒業見込

卒業論文題目

あなたの自己PRと当社への志望動機を以下の欄に
書いてください（自由記述式）

新たな評価結果

合格群10名　　　　不合格群32名

同じ条件でエントリーシートを見て評価をすることにした。評価にあたっては、
エントリーシートを見て、一次面接の成績が高い群になりそうか・低い群にな
りそうかという2値のいずれかとその理由を述べることを求めた。一次面接で
高い群になりそうという評価結果は前述の「合格群」に相当し、低い群になり
そうという評価結果は一旦不合格とされた後に補欠合格とした前述の「不合格
群」に相当するものとして位置付けられた。

　その結果、一次面接で高い群になりそうと評価されたエントリーシートは10
名、一次面接で低い群になりそうと評価されたエントリーシートは32名となり、
前述の実際の評価結果と大きく異なる結果になった。高い群になりそうと評価
された10名には実際の合格群23名の一部が含まれたが、実際の不合格群19名の
一部も含まれるなど整合性の低い結果が得られた（**図表4-1**）。

　評価の理由には、「うちの社風には合わなさそうだった。一緒に働きたいと
強く思えなかったため、低い評価にした。」「頭が良さそうな文章で、うちの職

場で活躍しそうな印象を受けた。面接でも高い評価を得そうだった。」など多種多様な観点が挙げられた。

　以上から，就業希望文に対して，自社で採用したいかどうかという概括的な基準では評価者が変わると評価結果が大きく変わるということが示された。

(2)　評価への迷い

　上述のような概括的な評価基準のみが与えられた時の評価者の迷いは，以下の文例を見ればさらによく体感できると思う。

　図表4-2と**図表4-3**は上述の42名から2名を選び，その就業希望文の一部を抜粋したものである。1名は合格群，1名は不合格群に実際の一次面接で分類された。個人が特定されないように趣旨が変わらない程度に筆者が表現を変更した。

　ここで本書の読者であるあなたが採用実務担当者であると仮定して，従来型の基準（就業希望文を見て自社で採用したいかどうかという基準）によって評

図表4-2 エントリーシートの文例1

> 私は部活動のリーダーとして部員の一斉退部などの困難に直面してきました。貴社店舗ではアルバイトなど年上の人を部下として管理する必要があると思いますが，その時にリーダーとして統率力を発揮した経験が活きると考えます。

図表4-3 エントリーシートの文例2

> 私は，貴社の社風や価値観に大変魅力を感じています。人を大切にし，お客様を大事にするという価値観に共感しました。子供の頃から貴社の店舗でそのような雰囲気に触れてきましたので，私もその一員になりたいと思いました。

定するものとする。さて，この文章を書いた就職活動生は一次面接で高い成績（合格群）として判定されそうか，それとも一次面接で低い成績（不合格群）として判定されそうか。つまり，図表4-2の学生は合格群か不合格群だろうか，図表4-3の学生は合格群か不合格群だろうか，ということである。

　図表4-2の就職活動生が書いた文章に対しては以下のような解釈例があるだろう。リーダーとしての経験はありそうだ。困難に直面しながらリーダーを務めてきた経験については高く評価できる。若いうちから多くの人を管理する店舗での仕事に合いそうにも見える。一方で，学生時代の部活動のリーダー経験が店舗での統率力に活きるというのは学生らしい認識不足が出てしまっており，うちの店舗での仕事はそれほど甘いものではなく，やや自信過剰で現状認識やビジネスへの認識が甘い学生のように見てとれる。部活動でリーダーをしていたからといって，それがすぐに年上の部下をマネジメントできる経験に繋がるとは限らない。あまり物事を深く考えずに勢いで物事を述べるタイプなのではないか。そういった人物が店舗で問題を起こすことを何度も見てきたので一緒に働きたいかどうかとなると否である。このように様々な解釈がなされる可能性がある。

　図表4-3の就職活動生が書いた文章に対しては以下のような解釈例があるだろう。社風や価値観に魅力を高く感じており，すぐに職場に馴染めるかもしれず，その点を高く評価できる。子供の頃から店舗を見てきたという行動や経験も伴っており，自社店舗のファンとしての目線もある。そういった人と一緒に働き，店舗の将来をお客様目線で作っていくのもよいだろう。一方で，店舗について表面しか見ておらず，内部の様々な問題を見たら幻滅してしまうかもしれない。図表4-2の学生に比べると，店舗で年上のアルバイトを部下にすることもある，というような実態への記述が見られず，イメージいわば夢のみで文章を構成している点に志望動機におけるリアリティの低さを感じる。そういう面まで見ると，実際に一緒に働きたいかというレベルには至らない。このように様々な解釈がなされる可能性がある。

　いかがだろうか。概括的な基準では評価が発散することが感じられるだろう。読者もおそらくこの2名の学生への評価に悩まれたはずだ。（なお，実際は図表4-2の就職活動生は合格群23名のうちの1名であり，図表4-3の就職活動

生は不合格群の19名のうちの1名であった）。エントリーシートの文章によって面接に進めるかどうかを判断するということは一見簡単な作業のように見えるかもしれない。しかし，実際は相当難しいということである。

　以上の結果を踏まえて，Ａ社では担当者の主観だけに頼らずに面接での成績を精度高く予測できるようなエントリーシートの評価方法の検討に乗り出した。

2　評価方法の検討

　本節では，Ａ社が検討した，担当者の主観だけに頼らずに面接での成績を精度高く予測できるようなエントリーシートの評価方法について述べる。

　歴史を振り返れば，かつて偉大な文学家であるシェークスピアが本当は実在しないのではないか，という議論があったという。哲学者のフランシス・ベーコンが圧制抗議のためにシェークスピアの名で一連の風刺劇を書いたという説が一部で信じられていたのである。これに対してメンデンホールは文章の分析を行って著者の識別を行い，その説を否定した（Mendenhall 1887, 1901）。日本の文学作品でも，文章のみを分析することで有名な文学家のうち誰がその文章を書いたのか，書き手を推定できることがいくつかの国内研究で既に報告されている。

　エントリーシートは文章によって構成される。そもそも文章にはどのような特徴が含まれているのだろうか。そして，その特徴はどのような方法によって分析されるのだろうか。それが本節の問いである。長い研究の歴史を紐解きながらその問いに向き合ってみよう。

⑴　文の構造の要素分解
　言語学の知見（風間・上野・松村・町田 2004；佐久間・加藤・町田 2004；庵 2012）に基づいて文の構造を要素分解すると，音素→形態素→単語→文，という構成要素の順序が認められる（**図表4-4**）。

　「音素」は，音韻論で研究される。言語の音素（日本語のａ・ｉ・ｕ・ｅ・ｏなど）を抽出した後，音素がどのような規則で並ぶのか，またアクセントやイン

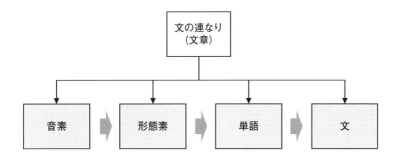

トネーションがどのように用いられるのかが分析対象となる。

　文は「単語」により構成される。単語はさらに「形態素」という意味を有する最小単位によって構成される。形態素を抽出した後，形態素がどのような規則で並ぶのか，すなわち単語がどのような構造によって成り立つのかなどを分析対象にするのが形態論である。

　単語または形態素（以下，単語と形態素の両方を含んで「語」と呼ぶ）の配列構造による文の構造を研究する分野として統語論がある。統語論は，文における語の並ぶ規則性を研究対象とする。

　形態素，単語，文が表す意味を研究対象にする分野として意味論がある。意味論は，配列された語によって文が形成された結果，形態素や単語単体ではなく総体的にどのような意味を成しているのかなどを研究対象にする。

　エントリーシートの就業希望文は話し言葉ではなく書き言葉である。そのため音韻論は直接の検討対象に含まれない。文の意味の最小単位は形態素であり，それが単語となり，文となり，文が連なってエントリーシートの就業希望文が構成されるのである。

　自然言語処理の第一段階では形態素レベルに着目した分析（形態素解析）がなされる（長尾 1996）。エントリーシートの就業希望文の意味を把握したいときに意味の最小の構成要素である形態素から逐次的に意味を把握し，その上で構成要素間の関係性を見ることによって全体の意味が理解可能になる。先に述べたメンデンホールによる分析も形態素解析の技術が元になっている。

⑵　語の構造

　エントリーシートの文章を分析するにあたって，形態素の位置付けをより明確にするべく，松岡（2000），風間ほか（2004），佐久間ほか（2004），庵（2012）を参考に，日本語の文章の構造をもう少し深く掘り下げる。具体的には，言語類型，独立性・拘束性，内容語・不要語の３点について以下に述べる（**図表４-５**）。

　まず，言語類型から述べる。世界の言語には孤立語，屈折語，膠着語という類型がある。孤立語には古典中国語など，屈折語には英語などが該当する。日本語は膠着語に該当する。

　膠着語とは名詞や動詞などの文法的働きをこれらの語の後ろに特定の語を並べることで表す仕組みを持った言語類型である。例えば，文において過去の事柄を表したいとき，日本語は英語のように動詞自体に過去形は存在しないため，動詞を活用した上でその後ろに特定の語を並べることで過去であることを伝えるという仕組みである。例えば「勉強する」という日本語の動詞自体に過去形は存在しない。そのかわり過去を示すために動詞を連用形にした上で「た」という過去を表す特定の助詞を後ろに並べることで「勉強した」という過去の事柄を示す。過去だけでなく，使役，受身，断定，肯否，命令などを示す様々な

｜図表４-５｜日本語で書かれたエントリーシート分析への留意点

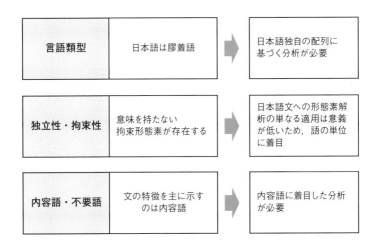

語が同じように後ろに並べられて文としての意味を形成する。

　日本語を用いて記述されたエントリーシートの文で，例えば「勉強したつもりだった」という場合に，動詞のみに着目しても全体の意味は捉えられない。この文の場合，動詞は「勉強する」であり，形態素単位に分解すると「勉強」と「する」が抽出されるが，日本語は膠着語であるから後ろに特定の語がどんどん継ぎ足されていった上で最終的な意味が形成されるのである（「勉強したつもりだった」は結局勉強していないのである）。

　日本語で記述されたエントリーシートの文に対して，単に海外の学術研究を参考にして文章評価の基礎技術である形態素解析を適用しても有用な知見が得られにくいのは，そもそも英語と日本語とで言語類型が異なるためである。同じ意味を表すにも，英語と日本語では語の配列が異なる。これは日本語で記述されたエントリーシートの分析において留意すべき語の構造の1つである。

　次に，独立性・拘束性について述べる。形態素には単独で単語になれるものと単独では単語になれないものとがある。そのため，形態素だけに着目してひたすら形態素単位で文を分解しても，得られる示唆は限定的になる。単独で単語になれる形態素は独立形態素，単独で単語になれない形態素は拘束形態素と呼ばれる。

　単独で単語になれる日本語の形態素とは「金」のようなものである。一方で，単独で単語になれない日本語の形態素とは「お金」における「お」の部分である。「お金」という単語を形態素レベルに分解すると「金」が意味を有する最小単位であるため，「お」と「金」に分けられる。形態素のみを単位とすると「お」が抽出されてしまい，これだけで意味を把握することはできない。「金」だけでも Gold の意味なのか Money の意味なのがわからなくなる（「お金」だと Money の意味だとわかる）。よって，日本語のエントリーシートの文に形態素解析をただ適用しても，意味内容の把握が十分できずに終わってしまうことがある。

　元々，形態素（morpheme）という概念は欧米語の言語学に由来する。日本語の形態素の定義は「意味を有する最小単位」ではあるものの，日本語の個別の語についての形態素解析結果は形態素解析器によって異なる場合があることが報告されている（金 2009；石田・小林 2013）。以上を踏まえると，日本語

を用いて記述されたエントリーシートは，形態素解析の結果を見ながら，さらに必要に応じて語の単位で分析を行うのが適していると考えられる。

そして，内容語・不要語について述べる。北・津田・獅々堀（2002）によれば，形態素解析を行う際には，文章の特徴を示さない不要語を除去する必要があるとされる。不要語の除去には大きく2つの方法がある。

1つは語の種別に基づくものであり，語を内容語（content word）と機能語（function word）に分けた上で機能語を除去する方法である。内容語はそれ自体で意味を持った，ある特定の概念を表す語であり，名詞や動詞などが相当する。機能語は語間の関係を表す語であり，助詞や助動詞が相当する。一般的に機能語は文書の特徴として役立たないため，不要語とすべきであるとされる。また，内容語に属する品詞であっても，単なる数字や一般的に用いられる語（一般語と呼ばれる。例えば「する」「ある」，「こと」「もの」などが該当する）は不要語にすべきであるとされている。

もう1つの方法は，語の頻度に基づいて不要語を除去する方法である。例えば，数十名が記載した数十編の文集合でたった1回のみ出現するような語は1名のみが1度のみ記載しているだけであり，文集合全体の特徴を示すものではないため，一般的に低頻度語も不要語とされる。

(3) 頻度と共起

文章の統計的性質のうちで最も簡単に調べられるのは頻度であり（長尾1996），文を集計するときの基本は頻度の算出であるとされる（金 2009）。語の頻度によって書き手・話し手の意識の重点を分析することは古くからなされており，様々な分野で知られた方法である。

例えば，「アルバイト」という語が数多くエントリーシートの文に見られたとき，書き手である就職活動生はアルバイトで得た経験などから自己PR・志望動機を構成しているのではないかという推測が成り立つ。さらに「アルバイトでお客様と接して」というように「お客様」「接して」などの内容を表す語がアルバイトの後ろに見られれば，どのようなアルバイト経験であったのかについてより詳しく推測することができる。このように，語とその周辺に出現する語から大量の文における中心的話題を読み取ることができる。

日本語が属する膠着語は，文法的働きのために語を後ろに連ねるという特徴があった。そのため，後ろに続く語について観察することでその語の意味がより正確に把握可能になる。さらに日本語の文法では，語の前に対象などが書かれることが多い。例えば，「店舗でのアルバイトでお客様と接して」という文では，「店舗」というアルバイトの対象になる場所・種類を限定する語が「アルバイト」という語の前に付されて，よりアルバイトの状況を詳しく知ることができる。

　ある語が別のある語と並んで近くで現れるとき，共起（collocation）すると言われる。主な関心となる語を中心語，キーワード，ノード（node）と呼ぶ。それに隣接する語を共起語と呼ぶ。

　ノードを中心にした際の前後の語数を指定した範囲をスパンまたはウィンドウと呼ぶ。日本語の文に関する研究において適切なスパン（ウィンドウ）についての一般的見解はいまだ確立していないと思われるが，英語の文に関する研究では，内容語については前後3語のスパン（ウィンドウ）で分析が多くなさ

｜図表4-6｜ノードに着目したエントリーシートの分析例
（理解可能な内容語を単位としてウィンドウを3にした場合）

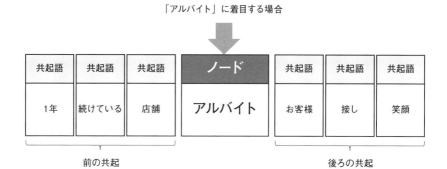

れてきたことが報告されている（堀 2009）（**図表4-6**）。

⑷　文法カテゴリ

　日本語の文は，命題とモダリティという文法的構造を持つとされる。例えば，「A社がB社の売上高を超えたようだね」という文では，「命題」は「A社がB社の売上高を超えた」という出来事が記述された箇所を指す。「モダリティ」は「ようだね」という出来事に対する話し手の主観や働きかけが記述された箇所を指す。

　日本語の文に含まれる特徴を解き明かす上では，この命題に着目した上で，それがどのような主観や働きかけで記述されているのかをモダリティ部分で読み取ることによって書き手の意識を深く把握することができる。この例文では，命題部分を見ることで，売上高とその他社比較が話し手・書き手の中心的関心であることが把握できる。そしてモダリティを見ることで，書き手は単に出来事を事実として述べたいのではなく，事実かどうかまだ不明な部分はあるが，だいたいそのように思えるという予測であること，さらにそれを聞き手・読み手と分かち合いたい意向があることが読み取れる。

　エントリーシートの文に対する分析においては，命題の箇所に着目した上で，その命題がどのように扱われているのかをモダリティの箇所から読み取ると，就職活動生の中心的関心だけではなく，その中心的関心の扱い方まで理解できるのである。

　日本語の文には「文法カテゴリ」という概念がある。命題の箇所に含まれる文法カテゴリには「テンス」「ボイス」などがあり，モダリティの箇所に含まれる文法カテゴリには「対人的モダリティ」などがあるとされる。詳細な説明は日本語の文法書に譲るが，エントリーシートの文にとって特に重要な文法カテゴリに着眼すると**図表4-7**のようになる。以下，主なものについて説明する。

　テンスとは，時間の表現である。「A社がB社の売上高を超えた」という命題は過去を指している。エントリーシートを含むビジネス場面における文では，形式性がある程度求められる。そのような場合に，時間的表現を伴わない，時制が不明な文はあまり用いられない。つまり，述べている出来事が過去のこと

‖図表4-7‖ エントリーシートで特に着眼すべき文法カテゴリ

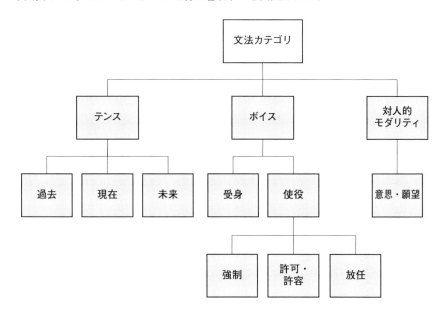

なのか，現在のことなのか，未来のことなのかを述べなければビジネス場面において文が意味をなさないことが多い。

　人生の一大事とも言える就職を眼前にした就職活動生にとって，重要なのは自分の過去なのだろうか，現在なのだろうか，未来なのだろうか。もちろん就職は未来のことであり，未来は重要である。同時に，現在の想いがどこにあるのかを見定めることも重要である。さらに，過去の自分の経験を振り返り，その過去を現在・未来へ接続することも重要である。この時間軸の観点から書き手である就職活動生の中心的関心の一部を把握することもできるだろう。

　ボイスとは，書き手の立場を示す表現である。ボイスには受身，使役などが含まれる。受身の表現には，他者や物事に対する非能動的な姿勢が見て取れる。例えば，「部活動で監督に走らされました」「アルバイトで残業をさせられました」などの受身の表現による文を多く述べたエントリーシートの文の書き手は，物事に対して他人からやらされてはじめて動くという意識があるのかもしれない。

使役の表現には，他者に何かをやらせるなど，他者と接する際の姿勢や他者への認識のあり方の一部が見て取れる。使役には強制，許可・許容，放任の意味があるとされる。典型的なのは強制の意味である。それ以外にも「どうしてもやりたいというので私は後輩に居残りで自主練習をさせた」という例文は，強制の使役表現ではなく，許可・許容の意味の使役表現とされる。「ゼミでチーム研究を始めた当初，チームのメンバーはよく作業をスケジュールよりも遅らせた」という例文は，強制や許可・許容ではなく放任の意味の使役表現とされる。

　対人的モダリティとは，聞き手・読み手に対する働きかけを示す表現である。「Ａ社がＢ社の売上高を超えたようだね」という上述の文例では，「ね」の箇所が対人的モダリティに該当する。「ようだ」という「出来事」に対する話し手の主観が記述された箇所は「対事的モダリティ」と呼ばれるのに対して，「聞き手・読み手に対する働きかけ」に相当する「ね」の箇所は「対人的モダリティ」と呼ばれる。

　対人的モダリティにも複数の種類があるが，エントリーシートの文で着眼したいのは「意思・願望」の対人的モダリティである。何かをしたいという意志や願望の強さを示す表現である。例えば，「私は貴社で働きたいと思います」というエントリーシートの文例では，「貴社で働く」の箇所が命題となり，それに対する読み手への働きかけとして「たい」という表現が加えられている。この「たい」という箇所によって書き手の意思・願望が表現されており，この箇所が意思・願望の対人的モダリティである。就職活動生の意思・願望の一部がここから把握できる可能性がある。

　なお，上述以外にも日本語の文法カテゴリやその他の表現方法は存在する。例えば，肯否，丁寧さ，敬語，指示詞，格助詞，品詞などである。Ａ社では，日本語文法理論におけるほぼ全ての着眼点をリストアップした上で，エントリーシートの文という分析対象にとって何が適切かを逐一判断した結果，上述の文法カテゴリに着眼することが特に重要であると考えるに至った。

⑸　評価の流れ

　本節で述べた分析方法はこれまでのエントリーシートに関する学術研究や企

業実践でほぼ無視されてきたと言ってよい。しかし，実は文にはこれだけの特徴量が含まれている。文は書き手を表すと言われるが，それは文に含まれる特徴量を十分に抽出したときにはじめてそう言えるのである。文から読み取れる情報が何かについての理解が不十分なままに形態素解析や内容分析を用いても，納得のいくエントリーシートの評価結果が得られないのは当たり前である。

　人工知能を用いてエントリーシートを分析することを試みる企業もわずかながら存在する。しかし，単に人工知能エンジンにエントリーシートの文をデータとして投入しても，出てくる結果は謎だらけである。そうすると結局，人間の主観によってその謎解きが始まる。これはある意味滑稽な取り組みである。元々，人間の評価による迷いや属人的な評価のブレをなくそうと始めた自動評価なのに，システムから吐き出される結果に謎が多く，結局その謎は人間の主観によって謎解きがなされるのである。そしてその謎解きの多くは謎のまま終わる。

　これは誤った HR テクノロジーの活用法であり，いわば「トートロジー型HR テック（Tautological HR-Tech）」である（**図表４-８**）。トートロジーとは同義反復のことを指す概念で，同じ問題を別の方法を用いて再現させているに過ぎない。エントリーシートの評価に迷った結果，人工知能を用いたのに人工知能による結果がそもそも納得できないもの・意味不明なものである，という例は少なくない。エントリーシートに限らず，他の分野でも人工知能を利用した場面には頻出する問題である。

｜図表４-８｜ 理論なき人工知能利用によるトートロジー型HRテック

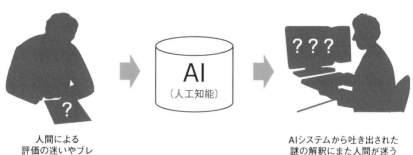

人間による
評価の迷いやブレ

AI
（人工知能）

AIシステムから吐き出された
謎の解釈にまた人間が迷う

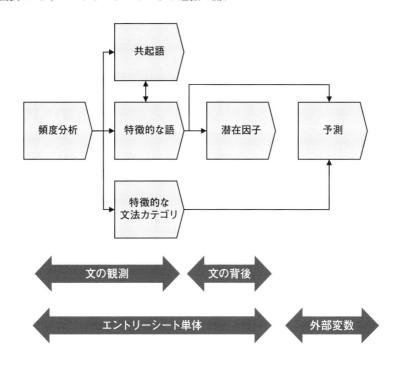

| 図表4-9 | エントリーシートによる選抜の流れ

　文の特徴量を踏まえた，あるべきエントリーシートによる選抜の流れを**図表4-9**に示した。

　まず，文の分析の基本である頻度分析から始める。形態素解析を行った上で，形態素だけでは意味理解が不可能なものは分析単位を語にする。ここでは中心的関心を推測するために出現する頻度の高い語を抽出する作業を行う。

　次に，群を決定づける特徴的な語を明らかにする。出現する頻度の高い語で，かつ合格群と不合格群の差を決定づけるような群間での頻度の差が大きい語を抽出する。この語に対する分析を文法カテゴリについても同様に行う。それによって各群の特徴的な語と文法カテゴリが明らかになる。

　さらに，群の特徴を決定づける特徴的な語の周辺に出現する共起語に着目して文脈上の意味を把握して，群ごとの特徴をより鮮明にする。このとき日本語が膠着語であることを考慮して，後ろに連なっていく語に特に注意する。また，

文の意味形成に役に立つ内容語に主に着目して解釈を進める。

　ここまでの手続きは出現した語・文法カテゴリに着目したものであり，文を観測する作業である。文の観測だけではなく，その背後にある潜在因子を探索することでより深く就職活動生の意識を把握することも行う。

　以上から文に含まれる特徴量を情報として出し切った後で，文の語・文法カテゴリを予測変数，面接成績を外部変数として面接成績の予測を試みる。

3　結果

　対象者42名のエントリーシートの就業希望文の箇所の総文字数は72,680字であった。小島（2006，2007，2009）によれば，エントリーシートは一般的に一人あたり平均600字程度とされるが，本研究では 1 人あたり文字数の平均は1,730文字（SD=441文字）であり，分析に不足のない文字数であった。分析対象文字数の合計では，古本（2013）における14,059字，柳田ほか（2012）における最大9,600字（一人あたり最大400字で24名を対象とした分析）などの先行研究に比して多くの文字数を分析対象としており，十分な水準であった。

　上述の通り，本章の対象者42名のうち，一次面接で当初から「合格」とされて内定まで至った者は23名（上述の通り「合格群」と呼ぶ）であった。一方で，一次面接で補欠合格者となり，その後の面接を進んで内定まで至った者は19名（上述の通り「不合格群」と呼ぶ）であった。合格群と不合格群で 1 人あたりの文字数平均値に有意な差は見られなかった。

　本節では，本章第 2 節で述べた評価方法をこれらの42名の対象者に適用して，その結果を報告する。

(1)　頻度分析

　42名全員のエントリーシートの就業希望文を対象として語を抽出した結果，3,739個の語が抽出された。

　内容語に着目すると，名詞では「私」という語が最多であり，42名の合計で270回出現した。エントリーシートの就業希望文の箇所に「私」という語を非常に多く書いているということである。次いで「お客様」という語が多く，42

名の合計で145回出現した。動詞では「できる」という語が最多で，42名の合計で160回出現した。次いで「楽しむ」という語が多く，42名の合計で110回出現した。形容詞では「楽しい」という語が最多で，42名の合計で91回出現した。次いで「強い」という語が多く，42名の合計で26回出現した。

以上だけでも，エントリーシートの記述内容の一部がうかがえるものであった。例えば，自分自身が何かに「強い」分野があり，それが「できる」こと，それを「楽しんだ」またはそれが「楽しい」ことをエピソードとして自己PRを述べる，アルバイトなどで「お客様」と接した経験を志望動機に含めて述べるなどの傾向がうかがえるものであった。

なお，「こと」「する」「いる」などの一般語は上述から除いた。

(2)　特徴的な語

3,739個の語（$W_1 \sim W_{3739}$）のそれぞれについて合格群における各語の頻度の合計（$W_{g1} \sim W_{g3739}$），不合格群における各語の頻度の合計（$W_{n1} \sim W_{n3739}$）を算出した。その上で $W_{g1} - W_{n1}$，$W_{g2} - W_{n2}$，……$W_{g3739} - W_{n3739}$ と，各語について頻度の群間における差異を算出した結果，同差異の平均値は0.11（$SD = 3.51$）だった。つまり，平均的に捉えると同差異の平均値は零に近いため，各語の出現頻度の群間差異はほぼなく，どちらの群も同じような語を同じぐらいの頻度で用いてエントリーシートの就業希望文を記述したことを意味するものであった。

しかし，合格群と不合格群の間で出現頻度に差が見られた語もあった。出現頻度の平均値の有意差検定の結果，19個の語において群間に有意差が見られ，これらが各群に特徴的な語であることが発見された。これらの語の頻度差は，ただ主観的にのみ採用実務担当者がエントリーシートを見ているだけでは発見できないものであった。

図表4-10に19個の語とそれぞれの語について合格群と不合格群の各群の頻度平均値，記述した人数，t 検定の結果を示した。

合格群のほうが不合格群よりも頻度平均値が有意に高いと認められた13個の語について，42名が書いたエントリーシートの就業希望文の原文を観察して，その意味を以下に述べた。

| 図表4-10 | 主観的に読むだけでは発見不可能な特徴的な語

語	頻度平均値		記述した人数		t	df	p
	合格群	不合格群	合格群	不合格群			
力	8.9	4.9	21	15	2.34	37.2	*
行動	4.1	1.1	16	5	2.46	31.3	*
一つ	2.3	0.4	11	3	2.60	26.5	*
参加	2.7	0.7	11	4	2.49	29.1	*
前	2.4	0.6	15	3	3.03	40.0	**
売上	1.6	0	7	0	2.52	22.0	*
好き	2.2	0.5	12	3	2.93	34.5	**
以上	2.0	0.5	11	2	2.22	35.6	*
リーダー	1.9	0.4	9	3	2.15	26.1	*
アイデア	1.4	0.2	6	1	2.12	26.1	*
（業態名）	1.3	0.1	8	1	2.50	26.3	*
開催	1.6	0.4	9	3	2.12	31.1	*
役割	1.1	0.1	8	1	2.73	25.7	*
瞬間	0	0.8	0	5	2.50	18.0	*
何事	0	0.9	0	6	2.81	18.0	*
ダンス	0	1.5	0	5	2.27	18.0	*
誰	1.3	3.1	9	11	2.12	26.5	*
価値	0.2	2.1	2	8	2.46	20.1	*
それ	1.2	3.3	7	14	2.83	40.0	**

$* p < 0.05$, $** p < 0.01$

注：

（業態名）はA社の具体的業態を指すことから伏せた。

頻度平均値の単位は回，記述した人数の単位は人。

「力」：合格群は8.9回の頻度平均値を示した。合格群は「力」という語を一人ひとりのエントリーシートの就業希望文で平均的に約9回用いていた，ということであった。一方で，不合格群は4.9回しか用いていなかった。

　合格群における「力」という語の用法を原文で観察すると「自ら積極的に行動に移す力」（趣旨を変更しない程度に筆者により表現を一

部変更した。以下同様）など，自己の能力・経験をアピールするものであった。不合格群と用法には差が見られなかった。合格群の21名，不合格群の15名のエントリーシートで用いられており，個人というよりも群の特徴として捉えることができた。以上を踏まえると，合格群は，自己の能力・経験をアピールする回数が不合格群よりも多いと解釈できた。

「*行動*」：両群共通して「アルバイトでお客様に喜んでいただいた行動」などの用法が見られた。合格群のほうが過去の行動を数多くアピールしていた。

「一つ」：合格群では「お店の一つひとつに違いがあり，店舗作りに興味を持ちました」など数のカウントの用法の他に「皆の心を一つにして取り組み」という，いわば一致団結に関する用法などが見られた。不合格群では一致団結に関する用法は見られなかった。

「*参加*」：両群共通して「海外の文化に触れたくて参加」といった自らの過去の参加経験に言及したもの，「入社したら親子で参加できるイベントを企画したい」と入職後の希望に言及したものなどの用法が見られた。合格群のほうが多様な参加経験と参加に関連する入職後の志望動機を数多くアピールしていた。

「*前*」：両群共通して「アルバイトで持ち場の前を通りかかる全てのお客様に声掛けをして」と場所を示す表現，「学生時代の舞台で失敗し，前もって準備する大切さを痛感」と入念さを示す表現などが見られた。用法は一意ではないものの前向きな姿勢をうかがわせるものが多く，合格群はそのアピール回数が多かった。

「*売上*」：合格群のみに見られた語で，ほぼアルバイトでの販売経験とその成果に関する用法であった。

「*好き*」：両群共通して「人の笑顔を見るのが好き」などの用法が見られた。合格群は好きなもののアピール回数が多かった。

「*以上*」：両群共通して「自分が思う以上の質を求められたが，乗り越えました」と期待水準を示す用法，「10名以上の多くのスタッフをまとめるリーダー」と数をカウントする用法などが見られた。期待水準を越え

た経験や自己の影響範囲の広さを示すエピソードなどを合格群のほう
が数多くアピールしていた。

「リーダー」：両群共通して自分自身のリーダー経験を述べる用法が見られた。
合格群はリーダー経験を多くアピールしていた。

「アイデア」：両群共通してアイデアを提案した経験についてアピールする用
法が見られた。合格群ではそれに加えて入職後の職務に関連したアイ
デアを述べる用法が見られ，この用法は不合格群には見られなかった。
合格群は，入職後を見据えた志望をアイデアという語に関連して多く
述べていた。

「(業態名)」：同社で展開する具体的業態名を指した（機密保持から名称を伏
せた）。合格群は志望動機を具体的な業態に関連させて多くアピール
していた。

「*開催*」：両群共通して自らがこれまで開催したイベントなどに関する用法と，
入職後に開催したい企画に関する用法が大半だった。開催という語に
関連した能動的な姿勢を合格群は多くアピールしていた。

「*役割*」：両群共通して学生生活で担った役割と得た経験について言及した用
法が見られた。「アルバイトのサブリーダーの役割を任され」などが
該当した。自分がこれまで担った役割に関連して自己PR・志望動機
を述べた回数が合格群のほうが多かった。

これら13語は図表4-10に示した通り，合格群でいずれも単一の学生でなく
複数名で記述されたため，程度の差はあるが群の特徴を示していると考えられ
た。不合格群で0名（「売上」）や1名（「アイデア」「(業態名)」「役割」）など
ごく少数しか見られなかった語は，合格群が有する特徴を不合格群が全くまた
はほぼ有していない結果として読み取れた。

一方で，不合格群のほうが合格群よりも頻度平均値が有意に高いと認められ
た6個の語の意味について以下に述べた。

「*瞬間*」：不合格群のみに見られた語で「お祝いを企画し，相手が喜んでくれ
る瞬間が嬉しく」など，能動的な姿勢に関連して述べられた。不合格
群はそのような瞬間の記述によって自己をアピールしていた。

「*何事*」：不合格群のみに見られた語で「何事にも後悔せずに取り組んだ」な

どの用法であり，過去の経験を前向きに捉える姿勢などをアピールしていた。

「ダンス」：不合格群のみに見られた語で学生時代の趣味・嗜好について述べた用法だった。このように趣味・嗜好の対象についての具体的な語は合格群では見られず，不合格群の特徴として見られた。

「誰」：両群共通して様々な用法が見られた。例えば「入社後は，誰よりも商品の知識を得たい」と意欲を示した用法，「誰とでも親密になれる性格」と自己の性格を示した用法などが見られた。

「価値」：両群共通して様々な用法が見られた。価値観という語の一部として用いられて「貴社の価値観に共感し」などの表現が比較的多かった。不合格群のほうがA社の価値観への共感などを多く述べていた。

「それ」：両群共通して，前述の内容を単に指し示す用法が大半だった。代名詞で唯一，群間で平均値の有意差が認められた語に含まれた。

これらの6語は図表4-10に示した通り，不合格群でいずれも単一の学生でなく複数名で記述されたため，程度の差はあるが群の特徴を示していると考えられた。合格群で0名の語（「瞬間」「何事」「ダンス」）は，不合格群が有する特徴を合格群が全く有していない結果として読み取れた。

(3)　共起語

19個の語の文脈上の意味を把握するため，19個の語をノードとした共起分析を行った結果を図表4-11に示した。

語の共起が偶然ではなく有意であることを確かめるために，コーパス言語学で参照されることが多いT値を用いた。コーパス言語学ではT値が1.65以上であれば単語の共起は偶然ではないことが指摘されている（石田 2008）ため，本分析でもその基準を用いた。

共起語から示唆が特に得られたノードについて以下に結果を述べた。

「力」のノードには，合格群と不合格群ともにノードの後ろに「を」「入れる」が共起した。原文を観察すると「部長として部活動に力を入れてきました」などの用法が見られた。合格群ではそれ以外にも多くの有意な共起語が見られた。原文を観察すると「企画力」「企画を生み出す力」「高い行動力」「部

ノード	群	共起語	頻度(回) 前	後	T値	ノード	群	共起語	頻度(回) 前	後	T値
力	合格群	を	8	41	3.95	好き	合格群	だ	2	9	2.93
		身	0	6	2.36			なる	0	5	2.04
		入れる	0	5	2.16	以上	合格群	0	4	0	1.92
		企画	6	0	2.02			今	3	0	1.67
		行動	5	0	1.97	リーダー	合格群	として	0	4	1.92
		生み出す	2	2	1.93			スタッフ	2	1	1.67
		注ぐ	0	4	1.93	アイデア	合格群	提案	1	2	1.70
		で	9	6	1.78	(業態名)	合格群	(商品名)	6	0	2.44
	不合格群	入れる	0	6	2.42	開催	合格群	する	0	7	1.82
		を	0	15	1.82	役割	合格群	を	2	6	1.81
行動	合格群	的	13	0	3.49	何事	不合格群	も	0	4	1.85
		積極	9	0	2.94	誰	合格群	より	0	5	2.19
		する	2	15	2.82		不合格群	でも	0	4	1.94
		力	0	5	1.97			は	7	0	1.80
		に	10	4	1.90			も	0	10	2.87
		こと	0	7	1.80	価値	不合格群	の	5	4	1.82
		具体	3	0	1.71			や	3	1	1.79
一つ	合格群	の	5	12	2.68			観	0	7	2.63
		心	4	0	1.97	それ	不合格群	た	8	1	1.87
		店舗	3	1	1.92			活かす	2	1	1.69
		が	4	3	1.82						
		に	2	8	1.80						
		なる	0	4	1.75						
参加	合格群	率	0	5	2.22						
		9	0	3	1.72						
		型	0	3	1.71						
		授業	2	1	1.71						
前	合格群	の	7	6	1.95						
		通る	0	3	1.72						
		お客様	2	2	1.70						
売上	合格群	の	10	2	2.35						

注：

ノードと共起語は活用する前の原形で示した。

ノードが存在しない場合，共起語も存在しない。

有意な共起語が1つも見られなかったノードは表から除いた。

ウインドウは前3語，後3語とした。

内容語に限定せずに共起語の抽出・分析を行った。

記号（「・」など）と読点は共起語から除いた。

（商品名）はA社の販売商品名を指すことから名称を伏せた。

活動に力を注いできた」などの用法が見られた。以上から，合格群のほうが様々な力の種類やそれに関連したアピールを多く述べたことが推察された。

「*行動*」のノードには有意な共起語が合格群のみに見られ，不合格群には見られなかった。合格群ではノードの前のウィンドウに「積極」「的」，後ろのウィンドウに「力」「する」などが有意に共起した。原文を観察すると「積極的に行動する力を習得しました」「アルバイトを通じて積極的に行動する必要性を感じました」などの用法が見られた。以上から，合格群のほうが様々な積極的な行動をとり，それを数多くアピールしたことが推察された。

「*行動*」のノードと同様に有意な共起語が合格群のみに見られ，不合格群には見られなかったノードが多く見られた。例えば，「*一つ*」のノードもそうであった。このノードへの共起語を含む用法には，合格群で「貴社の店舗は一つひとつに独自のこだわりがあり感動しました」「部員の心が一つになるのか不安でした」などが見られた。「*参加*」のノードもそうであった。このノードへの共起語を含む用法には，合格群で「サークルが崩壊寸前になったが，参加率を上げるために努力した」「子供だけでなく，家族参加型のイベントを入社後は店舗で企画したい」「他の専攻の授業に参加して習得に励んだ」などが見られた。参加というノードと共起語を通して，複数名で何かに取り組むことへの興味や積極性を数多くアピールしたことが読み取れた。「*前*」のノードでは「部活動で大勢のお客様の前で演奏」「アルバイトで持ち場の前を通るお客様すべてに声掛けを徹底した」などの共起語を含む用法が見られた。「*リーダー*」のノードには「スタッフをまとめるリーダーとして」などの共起語を含む用法が見られた。「*アイデア*」のノードには「新しいアイデアを提案し，実現することが得意です」などの共起語を含む用法が見られた。

これらとは逆に，有意な共起語が不合格群のみに見られたノードもいくつかあった。「*何事*」のノードには助詞「も」のみが共起語として見られた。「*価値*」のノードは主に「価値観」などの共起語を含む用法が見られた。「*それ*」のノードには「それを活かして」などの共起語を含む用法が見られた。

以上のように複数のノードで，原文を観察しなくても共起語を抽出するだけで文脈上の意味が推測可能なことが示された。

(4) 因子分析

　エントリーシートに記述された語は，書き手の就業に関する意識が表現されたものと考えられる。統計学的にこれを見るとき，19個の語の観測された出現頻度は観測変数と言える。そこで，観測変数の背後に潜在因子の存在を想定した探索的因子分析を以下に行った。

　なお，相関行列や固有値計算において頻度データが存在しない語を変数に加えられないため，分析にあたって上述の19語から各群で頻度が0を示した語は除いた。また，19語のうち文における用法が必ずしも一意でなく，文脈によっ

図表4-12 各群の次元自体が異なることを示した結果

合格群			不合格群		
語	第一因子	第二因子	語	第一因子	第二因子
力	.81	.59	力	.06	-.27
行動	.70	-.71	行動	.22	.00
参加	-.18	.01	参加	-.11	.16
売上	.12	.04	好き	.54	.32
好き	.03	.17	リーダー	-.01	.99
リーダー	.40	.21	アイデア	.99	-.10
アイデア	-.31	.00	(業態名)	-.06	-.10
(業態名)	-.16	.23	開催	-.12	-.18
開催	-.21	-.46	役割	-.02	.43
役割	.12	.38	瞬間	-.16	-.25
			何事	.41	-.10
			ダンス	.45	.32

	第一因子	第二因子		第一因子	第二因子
二乗和	1.53	1.32	二乗和	1.76	1.61
寄与率	.15	.13	寄与率	.15	.13
累積寄与率	.15	.29	累積寄与率	.15	.28

て多様な意味を持つ語は観測変数から除外した。具体的には，数のカウント表現とチームの一致団結表現が混在する「一つ」，その他に「前」「以上」「誰」「価値」「それ」であった。これらは語の内容が一意ではないため，因子負荷量の解釈ができないことから変数から除外した。

合格群と不合格群のそれぞれへの探索的因子分析の結果を**図表4-12**に示した。

まず，合格群の因子構造を検討した。ガットマン基準とスクリープロットを元に二因子解が提案されたため，二因子解を用いた。推定法として一般的な最尤法を用いてバリマックス回転による因子分析を行い，因子負荷量が絶対値0.4以上を示した語に着目した。

第一因子は，「*力*」.81，「*行動*」.70，「*リーダー*」.40であり，「リーダーとしての行動力」と解釈された。

第二因子は，「*力*」.59，「*行動*」-.71，「*開催*」-.46，次いで0.40には満たないが，ほぼそれに近い語として「*役割*」.38であった。「*力*」の原文での用法は，「周囲を動かす力」などリーダーとしての行動力を表現した文のほかに，「自分のやりたいことを続ける力」「語学に関する力」などのリーダーとしての行動力とは異なり，自分個人の技能や性格についてのアピールに関連した文でも用いられていた。「*開催*」は，企画・イベントの開催に関連した文で使われ，リーダーとしての力に言及するような文脈がほとんどであった。「*役割*」は，学生生活で担った役割とそこから得た経験について表現したもので，リーダーとしての役割に関する表現もある一方，周りを支援するような役割に関する表現もあった。以上から第二因子は，「自分個人が内的に保有している技能・性格」と解釈された。

次に，不合格群の因子構造を検討した。合格群と同様の方法を用いた。

第一因子は，「*好き*」.54，「*アイデア*」.99，「*何事*」.41，「*ダンス*」.45の因子負荷量が大きかった。「*好き*」と「*アイデア*」は自分の好きな事と創意工夫に関する用法，「*何事*」は「何事にも後悔せず取り組んだ」など過去の経験を前向きに捉えた用法，「*ダンス*」は学生時代の趣味・嗜好を述べた用法だった。これらから，第一因子は「学生時代に熱中した事」と解釈された。

第二因子では，「*リーダー*」.99，「*役割*」.43の因子負荷量が大きかったこと

| 図表 4 -13 | 因子構造の違い

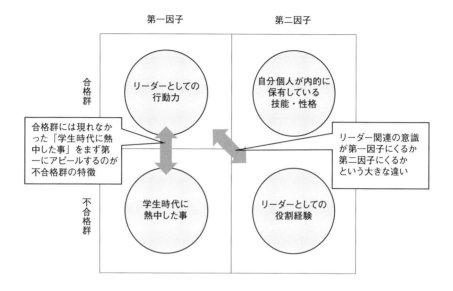

から「リーダーとしての役割経験」と解釈された。

　以上を踏まえて，合格群と不合格群の因子構造を図示した（**図表4-13**）。

　合格群では「リーダーとしての行動力」が第一因子に抽出された。しかし，不合格群ではリーダーに関連した意識が第一因子にくることはなかった。不合格群ではリーダーに関連した意識がアピールされるかわりに，「*好き*」「*アイデア*」「*ダンス*」などによって構成される「学生時代に熱中した事」が第一因子に抽出された。リーダーに関連した意識は不合格群では第二因子としてアピールされたのであった。

　つまり，面接で高い評価を受ける群と低い評価を受ける群とでは，共通した基準があってそれに対して水準（レベル）が違うということではなく，そもそも意識の次元自体が異なることが示された。

(5)　特徴的な文法カテゴリ

　上述した全ての文法カテゴリについて，文法カテゴリごとの出現頻度を計算した上で合格群と不合格群との間の頻度平均値に有意な差があるかを検定した。

その結果，「使役」の中の「許可・許容」の文法カテゴリについて群間に有意差が認められた。合格群では 0 回なのに対して不合格群では0.7回の出現頻度平均値であった。最も出現頻度が高い者は自身のエントリーシート内で 4 回この表現を用いていた。

「許可・許容」表現は，何かやりたいことをやらせてもらう，やることを許可・許容してもらう，という文脈で用いられたものであり，「学生時代に熱中した事」が不合格群の第一因子に抽出された上述の結果を踏まえて原文を観察すると，ダンスなどの趣味・嗜好に関する好きな事をやり続けることを親などの周囲から許容してもらった経験への感謝の意識などが記述されていた。

このように就職活動生の意識は語や因子だけではなく，文法カテゴリも合わせると理解がよりリッチになっていくことが示された。

なお，それ以外の文法カテゴリ（テンス，受身，他の使役，意思・願望の対人的モダリティ）では群間の出現頻度平均値に有意差は見られなかった。

⑹　予測

そもそも文の特徴量を掘り出せるのか，と疑問に思っていた読者も少なくないと思う。実際に企業実践していてもそのような反応を多くいただく。

しかし，これまでの分析から，合格群と不合格群のそれぞれの群ならではの特徴として，19個の語と 1 個の文法カテゴリの計20個の特徴量が導出された。いずれも主観的にエントリーシートを読んでいるだけではわからない文の特徴量であり，従来の方法ではこれらの特徴量は埋もれてしまっていた。これらの20個の特徴量は，あくまでも合格群と不合格群の差として認められたものであった。その差が著しい差ではなく，わずかな差しか存在しないのであれば，それぞれの群ならではの特徴という主張もそれほど強くはできないことになる。

さらに，出現頻度平均値の上では合格群と不合格群の 2 群間で有意差が認められても，それが面接成績を正しく「予測」するという目的に置き換えられた場合に，どの程度予測力があるのかも気になる。平均値の有意と予測が必ずしも一致するわけではないためだ。

以上を踏まえて，20個の特徴量を説明変数として，一次面接の成績である合格群と不合格群の 2 群を目的変数とする線形判別分析を行うことで予測判別を

| 図表4-14 | 予測判別のフレームワーク

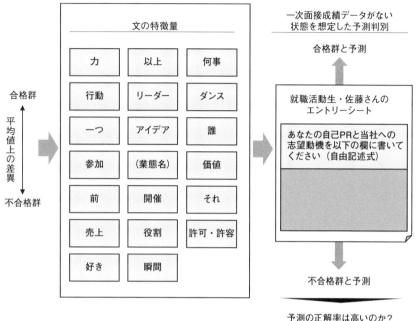

行った。線形判別分析式を式（4．1）に示した。$w_1 \cdots w_{20}$は20個の特徴量ごとの判別係数，$x_1 \cdots x_{20}$は20個の特徴量ごとの出現頻度を示した。さらに，予測判別の考え方を**図表4-14**に示した。

$$f(x) = w_1 x_1 + w_2 x_2 + \cdots + w_n x_n \quad n = 20 \qquad \text{式（4.1）}$$

　線形判別分析の結果得られた式（4．1）のw（判別係数）を**図表4-15**に示した。判別係数が正であれば関数$f(x)$の値は正の方向へ働く。出現頻度平均値で合格群のほうが不合格群よりも有意に高かった13個の語のうち，11個の語についての判別係数が正の値を示した（0.03〜0.31）。2個の語（「力」と「開催」）の判別係数はそれぞれ -0.05と -0.06であり，負の値ではあったがほぼ零

語と文法カテゴリ	判別係数
力	-0.05
行動	0.14
一つ	0.20
参加	0.03
前	0.18
売上	0.19
好き	0.31
以上	0.06
リーダー	0.10
アイデア	0.14
(業態名)	0.17
開催	-0.06
役割	0.31
瞬間	-0.42
何事	-0.67
ダンス	-0.15
誰	0.06
価値	-0.03
それ	-0.25
許可・許容	0.11

に近いものであり，負の方向へ強く働くものではなかった。

　出現頻度平均値で不合格群のほうが合格群よりも有意に高かった6個の語・
1個の文法カテゴリのうち，5個の語についての判別係数が負の値を示した
(-0.67～-0.03)。残り2個（「誰」と「許可・許容」）の判別係数はそれぞれ
0.06と0.11であり，正の値ではあったがほぼ零に近いものであり，正の方向へ

| 図表4-16 | 個人別の得点

学生	判別得点	学生	判別得点
合格群1	0.30	不合格群1	-2.45
合格群2	3.69	不合格群2	-2.65
合格群3	2.87	不合格群3	-2.57
合格群4	2.46	不合格群4	-2.14
合格群5	2.28	不合格群5	-0.95
合格群6	1.06	不合格群6	-3.32
合格群7	1.37	不合格群7	-3.08
合格群8	1.47	不合格群8	-3.43
合格群9	3.69	不合格群9	-2.34
合格群10	2.10	不合格群10	-0.35
合格群11	1.51	不合格群11	-2.62
合格群12	2.26	不合格群12	-1.22
合格群13	1.23	不合格群13	-4.43
合格群14	2.28	不合格群14	-0.69
合格群15	1.13	不合格群15	-2.59
合格群16	3.65	不合格群16	-1.68
合格群17	2.35	不合格群17	-2.76
合格群18	1.90	不合格群18	-2.06
合格群19	2.23	不合格群19	-2.46
合格群20	1.16		
合格群21	2.14		
合格群22	0.07		
合格群23	0.59		

│ 図表 4 -17 │ 線形判別分析による予測値と実績値の関係

	合格群（実績値）	不合格群（実績値）
合格群（予測値）	23	0
不合格群（予測値）	0	19

強く働くものではなかった。

　これらの判別係数を式（4．1）に適用して判別関数$f(x)$を構成して線形判別分析を行った。分析対象者42名のそれぞれについて$f(x)$によって計算された個人別得点を**図表4-16**に示した。合格群には合格群 1 から合格群23までの23名，不合格群には不合格群 1 から不合格群19までの19名がいるため，それぞれの特定個人についての得点が算出された。

　その結果，合格群と不合格群の個人別の判別得点間に正と負という大きな隔たりがあることが示された。合格群の23名は全て正の得点を示した（0.07〜3.69）。不合格群の19名は全て負の得点を示した（-4.43〜-0.35）。

　判別分析を行った結果を**図表4 -17**の「予測値」に示した。この予測値と，実際に分類された一次面接成績の実績値とを突き合わせた結果，図表4 -17に示した通り，42名全員が一致した。

　つまり，線形判別分析による予測値で合格群と予測された学生は，実際の一次面接においても合格群に全23名が属した。同じく予測値で不合格群と予測された学生は，実際の一次面接においても不合格群に全19名が属した。なお，許可・許容を除いた19個の語のみで同じく線形判別分析を行って全員の予測値と実績値とを突き合わせた結果でも全員が一致した。

　以上から，エントリーシートの文の特徴量として識別した20個について，面接成績を「予測」するという目的に置き換えられた場合に，非常に高い予測力を有することが明らかになった。

　つまり，実はエントリーシートの文から一次面接成績を決定することは極めて高い精度で可能なのであった。主観のみに頼る従来の方法では，この可能性を捨てていたことになる。

　データによっては線形データではなく非線形データになる可能性もある。非

線形判別分析には，非線形関数を用いる方法，距離に基づいた判別方法，多数決による判別方法，ベイズ判別法など多くの方法が提案されているが，最も多く用いられているのは多数決による判別方法でk最近傍法（k-Nearest Neighbor method）である（金 2007）。

そこで$k=2$〜$k=10$に変化させながら分析した結果，一次面接成績を正しく予測できたのは83〜93％であった。さらに，マハラノビス距離による判別分析も行った結果，一次面接成績を正しく予測できたのは39名であり，93％の精度で予測値と実績値が一致した。マハラノビス距離によって予測判別を誤った3名の距離の差異は，0.3から10と非常に小さいものであった（距離の差異平均は611であった）。

以上から，予測の方法を変えてもエントリーシートの文の特徴量によって高い精度で面接成績を予測できることが示された。

4 企業実践への具体策

本章では，リサーチクエスチョン1「わが国の企業で実施された就職試験の本番時に提出されたエントリーシート内の就業希望文が面接成績に対して予測的妥当性を持つか」を検討した。その結果，従来のように採用実務担当者の主観のみに頼った評価では見る人によって大きく評価が異なり，誰の評価を信じてよいかわからないといった問題が生じた。

それを踏まえて，アクション1「エントリーシートの就業希望文の特徴を用いて面接成績を予測する方法を検討し，実践後の成果を示す」に取り組んだ。従来の方法では気づけなかった多くの特徴量が文には実は含まれており，それらの特徴量を抽出して予測に用いる方法を体系的に示した。その方法を適用することで83〜100％の高い精度でエントリーシートから面接成績を予測できることを示した（図表4-18）。

以上を踏まえて，企業実践への具体策を本節では述べる。筆者はこれまで，A社だけではなく他社においても，エントリーシートから面接成績を予測する，さらにはエントリーシートから入職後の職務成果を予測する研究と企業実践を数多く手がけてきた。そこで得られた実践知も紹介しながら，読者が属す

リサーチクエスチョン1

わが国の企業で実施された就職試験
の本番時に提出されたエントリー
シート内の就業希望文が面接成績に
対して予測的妥当性を持つか

従来のように採用担当者の主観だけに
頼った評価では見る人によって大きく
評価が異なり，誰の評価を信じてよい
かわからないという問題が発生した

アクション1

エントリーシートの就業希望文の特
徴を用いて面接成績を予測する方法
を検討し，実践後の成果を示す

- 文の特徴量を抽出して予測に用いる
  方法を体系化した
- 方法を適用することで高精度でエン
  トリーシートから面接成績を予測で
  きるという成果を創出した

る会社でも「実際にやれる」「やってみよう」と思えるような形での具体策を
以下に述べる。

(1) 高い再現性とプロアクティブ行動・予期的社会化

　数多くの企業での筆者による研究と実践の結果，「力」「行動」「参加」「リー
ダー」「アイデア」「開催」「役割」「許可・許容」は，A社以外の非常に多く
の企業においてもエントリーシートの文の特徴量として抽出され，かつその後
の面接成績や職務成果との関連があることがわかってきた。この高い再現性を
解釈する理論的枠組みは，プロアクティブ行動と予期的社会化に求められる
（**図表4-19**）。

　プロアクティブ行動とは，「自分自身や環境に影響を及ぼすような先見的な
行動であり，未来志向で変革志向の行動」（尾形 2016：Grant & Ashford
2008の和訳），または「組織の役割を引き受けるのに必要な社会的知識や技術
を獲得しようとする個人の主体的な行動全般」（小川 2012）と定義される。プ
ロアクティブ行動は，新卒社員などの新規参入者にとって仕事上の意欲や成果
が，組織側からの働きかけによってのみ達成されるわけではなく，自らが積極
的に環境に働きかけていくことの重要性を捉えた概念である（Williams, Gray,

‖ 図表4-19 ‖ 組織行動論の理論的枠組みで捉えられる文の特徴量

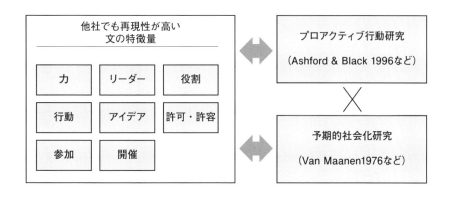

& von Broembsen 1976；Kipnis, Schmidt, & Wilkinson 1980)。あまり知られていないが，プロアクティブ行動の源流を辿っていくと元々はパーソナリティの概念であった。個人のプロアクティビティ（proactivity）に関する1960年代のパーソナリティ研究において proactive personality が論じられ始めたことを源流として，1990年前後に組織心理学において行動概念として着目され始めたのである（星 2016)。Ashford & Black（1996）によれば，プロアクティブ行動には情報探索，フィードバック探索，一般的社会化，ネットワーキング，上司との関係構築，職務変更の交渉，ポジティブフレーミングの7つがあると指摘された。

ただし，プロアクティブ行動の主眼は入職前の就職活動生ではなく，入職後の組織人としての行動にある。プロアクティブ行動は入職した後の行動と仕事の満足感やパフォーマンス，離職意思との関係，新入社員の学習や役割を果たすこととの関係という観点などで論じられてきた（Morrison 1993；Ashforth, Sluss, & Saks 2007など)。

予期的社会化とは，組織参入前の学校教育などを通した社会化の過程を指す（Van Maanen 1976)。社会化（socialization）は実は組織参入前から既に始まっているという観点で捉えるのが予期的社会化研究の特徴である。よって，組織に入職する前の就職活動生にも予期的社会化研究は参考になる。例えば，営

業職として入職後に組織に馴染んで高い販売成績をあげる者は，実は就職活動生（大学生）の時点から顧客への熱い想い入れなどがあったことが報告されている（鈴木 2021）。

　以上を踏まえて，本章で得られた20個の特徴量を見ると，積極的に「行動」する「力」，ネットワーキングのために様々な場に「参加」する「行動」，主体的に「アイデア」や企画を出してイベントなどを「開催」する「行動」，「リーダー」としての主体性，求められる「役割」を果たす傾向性，などを数多くエントリーシートの就業希望文に記述する就職活動生は，大学生時点から既に予期的社会化が進んでおり，入職後のプロアクティブ行動が発揮しやすいものと考えられる。その逆に，他人から何かやりたいことを「許可・許容」してもらった，という受け身な（proactive ではなく reactive）経験が主なエピソードとしてエントリーシートの就業希望文に書かれるような学生の場合，入職後にプロアクティブ行動を発揮するのは予期的社会化が進んだ上述の記述をする就職活動生に比べて時間や心理的なチャレンジが必要だということだろう。このように理論との高い整合性が見られる特徴量は，他社でも広く再現されるということである。

⑵　ステップ別チェックリスト

　読者が属する会社においてエントリーシートを分析するための流れをわかりやすく**図表4-20**のステップとステップ別のチェックリストで示した。

　ステップ1では，過去5年程度を目安にして既に社内で保有しているエントリーシートの就業希望文を分析する。5年間となるとかなり膨大なデータになるはずだ。分析の手続きにおいては本章で述べた通りに，頻度分析を行い，特徴的な語，共起語，特徴的な文法カテゴリ，潜在因子に着目して予測する。その際の"コツ"を以下にご紹介したい。

　予測は，エントリーシートの機能に則って変数を設けることが重要になる。エントリーシートの就業希望文によって次の選抜段階である面接の対象者の事前絞り込みを狙う場合には，過去5年間の面接成績が基準変数になる。一方で，エントリーシートの就業希望文を内定を出すか否かまで決定する参考資料にする場合には，過去5年間の内定有無，入職後職務成果が基準変数になる。

| 図表 4 -20 | 実践のためのステップ別チェックリスト

ステップ1	チェックリスト
過去のビッグデータ の分析	✓ 5年間など複数年度を扱ったか ✓ 単年度別でも分析したか ✓ 基準変数は適切か ✓ 複数タイプが存在する可能性を検討したか

ステップ2	チェックリスト
新たな応募データ への適用	✓ 即時予測が可能なよう自動プログラム化したか ✓ 選抜意思決定プロセスでの重要度を年度別に定めた 上で予測値を扱ったか

ステップ3	チェックリスト
予測による 正解率の検証	✓ 未来予測の困難さへの認識が共有されているか ✓ 3年間継続して検証したか ✓ 各年度で課題を明らかにしたか ✓ チューニングをその後も続けているか

　分析は5年間を一括して全体を俯瞰しながら，それと同時に年度に分けて1年度ずつの分析も行うことが重要になる。そうすると大体**図表4-21**のような構造が見えてくるはずである。図表4－21のベン図に示した通り，5年間で共通する特徴量と各年度にしか見られない特徴量が明らかになる。分析前には疑心暗鬼かもしれないが，5年間で自社の事業内容・社風が劇的に変わることは少ないため，5年間で共通する特徴量がかなり見られるのが通例である。基本的にはこの共通する特徴量を今後のエントリーシートの就業希望文への評価基準にする。

　さらに，求める人材のタイプを複数作ってもよい。単一ではなくて複数のタイプがあることがあらかじめ想定される場合には，特徴量をそのタイプ別に用意する。実際にある大手メーカーのトップ営業には，性格的に明るくてお客様への第一印象が良く，そのまま成約まで持っていくようなタイプと，性格的に暗いが地道な作業やフォロー・情報提供が得意で徐々にお客様の信頼を得て成約に繋がるタイプがいることが社内調査によって明らかになった。この大手メ

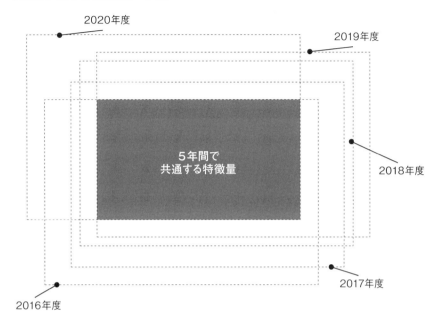

2020年度

2019年度

2018年度

2017年度

2016年度

5年間で
共通する特徴量

ーカーは，エントリーシートの文の特徴量も2つのタイプに対応して用意した。

　ステップ2では，新たに応募されたエントリーシートへの評価に適用する。ステップ1で得られた特徴量を評価基準としてプログラム化することを推奨する。それによってエントリーシートが提出された瞬間に基準変数の成績（面接の成績，内定の有無，入職後の成績）が予測できる。この予測された結果を参考資料として面接対象者の選抜，内定者の選抜に活かす。その際の"コツ"としては，適用した初年度はあくまで参考程度にとどめることである。その後，適用2年度目に予測の重要度を上げ，3年度目を目安に選抜材料として本格的に意思決定プロセスに組み込んでいくという漸進的な進め方のほうがよい。この漸進性を無視した拙速な効果判断がなされないように注意する。

　ステップ3では，その予測された結果が正しいかを検証する。面接での評価結果と予測結果とを比較することはすぐにできるし，内定の有無と予測結果とを比較することも就職試験の終了後に毎年度できる。入職後の職務成果の実績と予測結果とを比較することは，入職後数年の追跡調査が必要である。

その際の"コツ"としては，初年度から100%の正解を求めないことである。ここで進めているのはあくまでも「過去の蓄積に理論的枠組みを加えて再現性を高める工夫をしながら，"未来を予測する"という困難な課題」であることを認識しておく。過去のデータに理論的枠組みを加えても，まだ知らぬ未来の成績を予測するのは難しい。そのため，大体３年間をかけて予測の精度を高めていく。

　とはいえ，数多くの事例において適用初年度で著しく低い予測の正解率しか得られないことはほぼない。ある程度の正解率が得られることが通常である。そこから毎年度の検証を通して精度を上げていくと，大体３年間経過後に完成に向かっていく。その後は大きな事業転換などがない限り，マイナーレベルのチューニングで済むようになることが多い。貴社でも確かめてみて欲しい。

(3)　無意味な「いたちごっこ」を止める

　Ａ社において42名全員のエントリーシートの就業希望文を対象として語を抽出した結果，上述の通り3,739個の語が抽出された。そこから19個の語を特徴量として抽出した。その割合は約0.5％（＝19÷3739×100）に過ぎなかった。この「0.5％」の持つ意味を考えてみよう。

　就職試験では就職活動生による虚飾・演出的行動を考慮する必要がある。カウンセリング場面などの他の多くの心理アセスメントとは異なり，自分を過大に企業に伝達することによって試験合格（＝内定）を目指すという動機付けがなされやすい。例えば，大学であまり勉強熱心ではなかったもののゼミでの研究活動について大げさに述べたり，アルバイトでの体験を実際よりも虚飾して非常に大きな経験が得られたかのように述べたりするものである。

　企業としては就職活動生の本来の特性を測定したい。就職活動生としても本来の自分を評価して欲しいと願う。そのほうが入職後のミスマッチがなくなるからである。しかし，内定がないままに就職活動を終えざるを得なくなることへの恐怖心や他の就職活動生に対する競争心から，自分を虚飾・演出してまで内定を獲得しようとする行動をとる者も少なくない。例えば，適性検査では就職活動生が自分をよく見せようとして回答操作を意図的に行う。面接では事前にトレーニングを積んで虚飾・演出的内容であっても本当にあったかのように

振る舞う。これが日常化しているのが就職試験場面である。

　一方，本章で述べた方法ではそのような就職活動生の虚飾・演出はほぼ起こり得ない。3,739個の語からわずか0.5％の19個の語を予測して，それらの記述を意図的に厚くしたり，許可・許容の文法カテゴリを用いた記述を意図的になくしたりするという回答方略を就職活動生が思いつくことは不可能である。本書を就職活動生が読んだとしても，実際に各個別の会社で文の特徴量は異なるのである。「行動」や「力」など再現性が高い語もあるが，それら以外にも個々の会社独自の特徴量がある程度抽出されることが一般的である。

　そろそろ，企業と就職活動生との「いたちごっこ」を止めるべきである。企業が提示する課題（面接での質問，適性検査の問題，エントリーシートの就業希望文）にどう取り組めば高く評価されることを知るのは問題ない。しかし，問題は，その方向に自分を虚飾・演出することである。裏を返せば，虚飾・演出ができ得るシステムを企業側が提供してしまっているからこそ就職活動生にその動機付けが働いてしまうのである。

　エントリーシートでは評価する企業側に明確な評価方法がなく，評価者の主観に委ねられているからこそ，評価者によっては虚飾・演出に惑わされてしまって高い評価を与えてしまう。適性検査では対策本が出ていて回答操作がしやすい質問項目になっているからこそ，就職活動生が対策本を買って読みさえすれば高い適性があるという点数が出てしまう。面接では評価要素を設けながらも，面接者によってその評価要素への理解が一貫していないため，面接者によっては雰囲気に惑わされてしまって虚飾・演出的応答に高い評価を与えてしまう（**図表4-22**）。

　本章が対象とするエントリーシートでは，過去のビッグデータの分析によって自社ならではの文を分析する特徴量を用意する意義を示した。評価は，それに就職活動生が提出した就業希望文が高い整合を示すかどうかによって決まる。人間による評価を完全に否定するものではないが，いわば徒手空拳でエントリーシートを見てきた従来の方法に対して，参照すべき科学的かつ実践的な材料を付与することの意義は高い。

　本章で述べた評価方法を導入して長い年月が経てば，「内定者が書いたエントリーシート集」として外部に公開され，自社ならではの特徴量の一部が外部

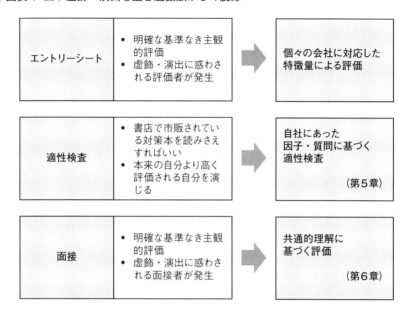

に知られてしまい，またいたちごっこが始まるのではないかと懸念される企業もおられる。しかし，ステップ別チェックリストで示した通り，チューニングをし続けていればその頃には過去の特徴量からかなり進化が見られるはずであり，時すでに遅しである。つまり，就職活動生がいたちごっこに費やす労力は無駄であり，無駄なことに時間を割くほど就職活動生も暇ではない。

　さらに，米国で開発されたある文章自動採点システムでは，論題そのものを複写している場合，つまり論題の単語を意図的に多く用いて策略的に高得点を狙うような答案文章の場合には低く採点をするなどの工夫が施されている（石岡 2008）。筆者が関わったわが国の企業においても，特定の特徴量については閾値を定めて，閾値を超えて語や文法カテゴリが多く用いられた場合にはアラームを出すなどの工夫を既に行っている。

　以上のように，企業側が虚飾・演出をできない選抜ツールを就職試験で提供することで，無意味な「いたちごっこ」を止めるべきである。それが企業と学生の双方に中長期的なメリットをもたらす。

第 **5** 章

適性検査の実証分析

本章は，リサーチクエスチョン2に答えることを目的とする。その上で，アクション2に取り組んだ結果を述べる。

1　適性検査の評価

本節では，リサーチクエスチョン2に対応してB社の適性検査の分析結果を述べる。

(1)　高い重要性と乏しい検証のちぐはぐさ

B社では，性格検査の結果が一次面接へ進めるかどうかの合否選抜に用いられ，面接中においても合否選抜の参考資料として参照されていた。このように性格検査の結果は就職試験の選抜過程の全般にわたって参照されていることから，その重要性は高かった。

性格検査で高い得点を示した就職活動生については，その後の面接でも高く評価されることが期待されるからこそ限りある面接リソースを割き，そして最終面接に至っては入職後に高い職務成果を生み出すことが期待されるからこそ内定を出すという運用を行っていた。これは，もし性格検査で高い得点を示した就職活動生が実際にその後の面接で低く評価されたり，入職後の職務成果が低かったりする場合には，性格検査を大幅に見直さなければならないことを意

味していた。

　B社ではこれまで，就職試験で目立った学生数名の固有名詞を挙げて面接の出来や入職後の活躍の有無について話題にすることはあった。毎年度の採用活動をしていると，就職活動生の中でも目立ってコミュニケーション能力が高かったり，論理的思考能力が高かったりする学生がいるものだ。そういったいわばエース級学生の名前が，採用実務担当者の間でしばしば話題になった。

　しかし，そのようなエース級は就職活動生のごく一部に過ぎなかった。多くの割合を占める就職活動生は，さほど目立たずに内定と入職に至っていた。それらのマジョリティの就職活動生たちの性格検査の結果と面接の結果，入職後の職務成果の関連が話題になることはなかった。1年度あたり数十名の内定者がいるB社では，全体的な定量的分析はなされていなかったのである。性格検査の重要性の高さに対して，その有効性の検証への取り組みは乏しかったと言ってよい。

　そこでB社では専門家に依頼して，性格検査の有効性を検証した。有効性は上述の2つの観点で検証された。第1に，性格検査の得点と面接成績との関連，つまり，性格検査の面接に対する予測的妥当性を検証した。第2に，性格検査の得点と入職後の人事評価との関連，つまり，性格検査の人事評価に対する予測的妥当性を検証した。

　本章においては，面接における成績が正しく評価されている，という前提に立っている。これは本書第6章の事例D社の当初の姿とは異なり，B社においては面接の信頼性と妥当性を高める取り組みを事前に行ったことによるものである。事例D社の当初の姿のように，面接の信頼性などが低い場合には，面接成績が正しく付されているという前提に立った分析は意義がない。同じく人事評価が正しく評価されている，という前提にも立っている。行動評価と業績評価の信頼性と妥当性を高める取り組みを事前に行ったことによるものである。

(2)　性格検査と面接成績

　B社に入社した150名を対象に分析を行った。150名は就職試験時に全員性格検査を受験した者であった。就職試験の選抜材料として用いられていたのは性格検査の総合ランクであった。総合ランクは就職活動生のそれぞれの性格検査

の総合得点に基づいて算出される7段階の総合ランクであり，1（最低），2，3，4，5，6，7（最高）により構成された。性格検査総合ランク4以上を合格基準として運用し，高ければ高いほど良い評価をしていた。150名の中にはランク3を示した者も含まれたが，内定辞退を見込んだものであった。

150名の総合ランク平均値は4.89（SD=1.29）であった。ランク1，ランク2にはともに0名，ランク3には23名，ランク4には42名，ランク5には34名，ランク6には30名，ランク7には21名が該当した。

150名は性格検査とともに全員面接も受験した者であった。面接において就職試験の選抜材料として用いられたのは面接総合評定値であった。面接総合評定値は複数の面接者の被面接者に対する総合評定の平均値によって求められた。各面接者の総合評定は4段階のランクで付されて，D（最低），C，B，A（最高）により構成され，Dを0，Cを1，Bを2，Aを3と数字に置換された。面接総合評定値ランクB（＝2）以上を合格基準として運用し，高ければ高いほど良い評価をしていた。150名の中には，ランクB未満の者も含まれたが，内定辞退を見込んだものであった。

一次面接の面接総合評定値について150名の平均値は2.21（SD=0.47）で，合格基準のBランク相当の2を上回った。一次面接で面接総合評定値2以上の者は119名，面接総合評定値2を下回った者は31名であった。二次面接の面接総合評定値について150名の平均値は2.15（SD=0.46）で，合格基準のBランク相当の2を上回った。二次面接で面接総合評定値2位以上の者は115名，面接総合評定値2を下回った者は35名であった。最終面接の面接総合評定値について150名の平均値は1.78（SD=0.31）で，合格基準のBランク相当を下回った。採用人員計画の不足を生じさせないように人数に余裕をもたせて内定を出していた。最終面接で面接総合評定値2以上の者は56名，面接総合評定値2を下回った者は94名であった。

以上をまとめて，性格検査総合ランク別の面接総合評定値平均を**図表5-1**に示した。

性格検査の総合ランクを条件とした一要因五水準の一元配置分散分析により，同総合ランク別の面接総合評定値平均の差異を検定した結果，一次面接，二次面接では条件の効果は有意でなく，最終面接では条件の効果は有意傾向であっ

｜図表5-1｜性格検査総合ランク別の面接総合評定値平均

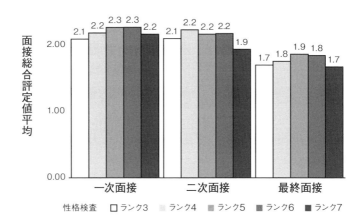

たが有意にまでは至らなかった。よって，性格検査の総合ランクによって面接
総合評定値平均は変わらないことが示された。

　本来であれば，性格検査の総合ランクが高ければ高いほど面接総合評定値も
高くなることが期待されるが，そのような関係は見られなかった。性格検査の
総合ランクを見て面接対象者を事前に絞り込んでいるという性格検査の役割か
らすれば，性格検査の総合ランクが高い者は，面接をしても高い評価を得てい
るはずであり，その逆に性格検査の総合ランクが低い者は，そもそも面接対象
者として適さない度合いが高い者であるから，面接をしても低い評価を得てい
るはずである。しかし，分散分析の結果，そのようなことはなく，性格検査の
総合ランクの高低は面接成績の高低と無関係であることが明らかになった。

(3)　数値の実践的意味への着眼

　前項の分析では，性格検査と面接のランクの数値をそのまま用いた。

　昨今，実務では「相関」の考え方が浸透し始めている。相関の考え方をその
まま用いて，B社の性格検査と面接のランクのデータから順位相関係数を算出
してもよい。しかし，数値をただ分析するのではなく，数値が持つ実践的意味

に着目する方法もある。それが理論の企業実践においては重要になる。

　性格検査は1から7までの7ランクによって総合ランクが構成され，150名の分析対象者ではランク3，4，5，6，7で分布したため，実際は5つのランクから構成されるデータであった。上述の通り，性格検査総合ランク4以上を合格基準として運用していた。そのため，選抜データの実践的意味を考えると，ランク4を閾値とした「ランク3」か「ランク4以上」かの2群によるデータ構成とも捉えられる。同じく，面接は0，1，2，3の4ランクによって総合評定値が構成されるデータであった。選抜データの実践的意味を考えるとランク2以上が基準になっていたため，「ランク2未満」か「ランク2以上」かの2群によるデータ構成とも捉えられる。

　就職試験においては「合格か・不合格か」といういわば2値のいずれかを決めることが目的だとすれば，その目的に沿った形でのデータ分析を行うことも有意義な分析オプションである（鈴木 2015）。そこで，データを2群化した上で分割表を作成した（**図表5-2**）。

　一次面接について，2×2の分割表に基づいてフィッシャーの直接確率計算を行った結果，人数の偏りは有意でなかった（両側検定：$p=.26$）。したがって，性格検査総合ランクと一次面接総合評定値に関連性があるとは言えなかった。つまり，性格検査で合格水準を示した者が一次面接で合格水準を示すとは言えず，性格検査で不合格水準を示した者が一次面接で不合格水準を示すとは言えないことが示された。

　一次面接の分割表を見ると，性格検査総合ランク4以上の者が一次面接ランク2未満に24名該当し，性格検査総合ランク4未満の者が一次面接ランク2以上に16名該当した。性格検査総合ランク4以上の者が一次面接ランク2以上に103名該当し，性格検査総合ランク4未満の者が一次面接ランク2未満に7名該当しており，この点は期待通りであったが，上述のいわゆる期待外れの者（24名と16名）が150名中40名も存在していては，両データに関連性があるとは統計的に結論付けられないということである。

　二次面接についても図表5-2の分割表をもとに同様に分析した結果，関連性があるとは言えなかった（両側検定：$p=.42$）。最終面接についても図表5-2の分割表をもとに同様に分析した結果，関連性があるとは言えなかった（両

	一次面接 ランク2未満	一次面接 ランク2以上
性格検査 ランク4未満	7	16
性格検査 ランク4以上	24	103

両側検定：*p*=.26　一次面接

	二次面接 ランク2未満	二次面接 ランク2以上
性格検査 ランク4未満	7	16
性格検査 ランク4以上	28	99

両側検定：*p*=.42　二次面接

	最終面接 ランク2未満	最終面接 ランク2以上
性格検査 ランク4未満	17	6
性格検査 ランク4以上	77	50

両側検定：*p*=.25　最終面接

注）網掛けは本来あるべきセル

側検定：*p*=.25）。二次面接では44名（=28+16），最終面接では150名の半数を超す83名（=77+6）がいわゆる期待外れの者であった。

(4)　性格検査と人事評価

　上述の分析対象者150名のうち，入職後の3年度全ての行動評価・業績評価のデータがある者84名を本項の分析対象者にした。

　行動評価は5段階のランクで構成され，A（最高），B，C，D，E（最低）

であった。Aを5，Bを4，Cを3，Dを2，Eを1と数値処理した。他の企業にしばしば見られるように入職後数年間は評価結果に差異を設けないというものではなく，入職初年度から差異が生じるようにB社では運用されていた。人事方針として信賞必罰が設けられており，入職1年目からそれを徹底していた。入職一年目の行動評価は入職して約半年後に実施されるが，それでも差を設ける運用を徹底していた。行動評価平均値は入職1年目3.33（*SD*=0.47），2年目3.44（*SD*=0.57），3年目3.50（*SD*=0.57）であった。ランク別人数は入職1年目C56名，B28名，入職2年目D1名，C47名，B34名，A2名，入職3年目C45名，B36名，A3名であった。中間となるCランクより上位のB以上になるか，C以下になるかという点が評価の主なポイントであった。

　業績評価は7段階のランクで構成され，A（最高），B，C，D，E，F，G（最低）であった。Aを7，Bを6，Cを5，Dを4，Eを3，Fを2，Gを1と数値処理した。行動評価と同様に入職初年度から評価結果の差異を設ける運用が徹底されていた。業績評価平均値は入職1年目4.11（*SD*=0.88），2年目4.15（*SD*=1.00），3年目3.98（*SD*=1.23）であった。ランク別人数は入職1年目F1名，E21名，D33名，C27名，B1名，A1名，入職2年目E25名，D31名，C19名，B8名，A1名，入職3年目F5名，E29名，D29名，C9名，B8名，A4名であった。中間となるDランクより上位のC以上になるか，D以下になるかという点が評価の主なポイントであった。

　性格検査，行動評価，業績評価の理論的な位置付けを踏まえて分析モデルを以下の通り検討した。まず，性格検査で測定される性格とは，行動の原因の一つになる心理的特性を指すという前述の定義（第2章2⑵参照）を踏まえると，性格検査は行動評価を規定する要因として位置付けられる。また，業績評価で対象になる職務成果について，例えば営業職においては，性格（明るさ・外向性・誠実性など）によって職務成果がもたらされる部分があると考えられる。性格が行動を媒介して業績に影響を与えるという位置付けも併せて考えられる。

　次に，行動と業績の関係性を検討した。例えば，顧客への提案という行動によって提案した案件が成約し売上になる場合，行動によって業績が生み出されるという関係性が想起される。人事評価制度設計上そのような関係性が定義されていたため，行動評価は業績評価を規定する要因として位置付けられる。

なお，その他の変数の影響も検討した。入職後の人事評価には上司の影響，職場の影響なども考えられた。入職後3年以内でも異動があり，また上司が変わることや，自分自身の異動がなくても上司側の異動があることもあった。組織再編による職場の環境の変化がある者もいた。それ以外にも入職後3年間で上司，先輩，職場の環境などが不変である者はいなかった。これらは実務において系統的ではなくいわばランダムに発生していた。そのため，分析モデルにおいてもランダムに発生すると仮定したほうが実態に即していると考え，統制すべき変数として捉えなかった。

　以上を踏まえて，**図表5-3**の分析モデルを設けた。分析モデルについて共分散構造分析を行った。

　適合度指標は GFI=1.00，CFI=1.00，RMR=0.00を示したことから，当てはまりの良いモデルであると解釈された。行動評価から業績評価へのパス係数は有意であった（β =0.61，$p<0.001$）。一方で，性格検査から行動評価へのパス係数は有意ではなく（β =-0.09, n.s.），性格検査は行動評価に影響を与えないことが示された。性格検査から業績評価へのパス係数も有意ではなく（β =0.00, n.s.），性格検査は業績評価にも影響を与えないことが示された。よって，性格検査の人事評価に対する予測的妥当性は認められなかった。

　なお，入社していない者は分析対象者に含まれないことから，性格検査や人事評価の分布が狭くなる選抜効果が生じた可能性があるが，B社の場合には入社した者でも本来不合格ゾーンの値を示した者もおり，分布の極小化は見られなさそうであった。選抜効果を補正するモデルが用意されている（Gulliksen

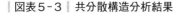
┃図表5-3┃ 共分散構造分析結果

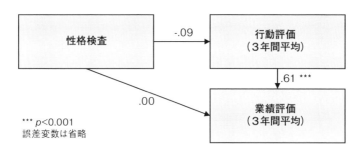

*** $p<0.001$
誤差変数は省略

128

1950）が，その統計的仮定に選抜前後で回帰係数が変化しない，また直線回帰による予測の標準誤差が変化しないというものがある（池田 1973）。そのため，本分析のように極めて低い予測的妥当性が示された場合には，選抜効果を補正して劇的に予測的妥当性が改善するということは一般的に考えにくいであろう。

(5)　性格検査が予測的妥当性を出すことの難しさ

　B社が用いていた性格検査は外部の専門企業が開発したものであるため，当然測定が期待通りに行われているはずだと漠然と考えていたB社の経営層・人事部にとって上述の結果は衝撃的なものであった。B社で上述のような結果が出てしまった原因は2つある（**図表5-4**）。

ⓐ　性格の高低への誤解

　第1に，性格の高低への誤解がある。B社の分析では適性検査のうち性格検査を扱った。就職試験では性格検査は能力検査と同じタイミングで受験されることが多いため，能力の概念との混乱がなされていることが多い。

　能力検査は，前述の通り知的能力研究や職務遂行能力研究を理論的枠組みとしていた（第2章2(1)参照）。よって能力検査結果は高ければ高いほうがよい。知的能力研究の歴史を見れば，精神年齢やIQの概念などから得点は高いことが望ましいと捉えられてきたことがわかる。職務遂行能力研究の歴史を見ても，

│図表5-4│ 性格検査が予測的妥当性を出せない理由

性格の高低への誤解	• 上位・下位といった価値基準による成果を見る知的能力研究との混同 • 個人差を見るのがパーソナリティ研究
性格の適用範囲の誤解	• 言語，数値，思考など多方面に成果上のメリットが影響する知的能力研究との混同 • パーソナリティは高低による良さというよりも個別の組織体へのフィッティングが大事

職能が上がると等級と給与が上がるという関係性があり，そこには上位か下位かという垂直方向の価値基準が存在する（つまり高ければ高いほど良い）。

　一方で，性格検査は，前述の通りパーソナリティ研究を理論的枠組みとしていた（第2章2(2)参照）。パーソナリティ研究は，何らかの性格特性因子の値が高いことが望ましいことを必ずしも主張するものではない。一部の海外における研究例にビッグファイブの性格特性の得点と職務上の能力や適した仕事との関連を示したものがあるが，世界的な共通理解に至るまでに研究が蓄積されているものではない。例えば，性格特性のうち「外向性」が高ければ営業職として成果を出しやすいという研究がある（Hough, Barge, Houston, McGue, & Kamp 1985）が，そうではない実例も散見される。あるメーカーのトップ営業社員の特性を調査したところ，外向性が高くて明るく，顧客に対する第一印象がさわやかであった者が成約まで持っていける例もあったが，外向性が低くて暗い者もトップ営業にかなり含まれていた。営業所長，人事，本人も含めた幅広い調査の結果，外向性が低く暗い者は，地道なデスクワークを得意とする傾向があった。外向性が高く明るいトップ営業社員が顧客との電話や外回りを得意とするのに対して，外向性が低く暗いトップ営業社員はそういった外へのエネルギーはさほどないのだが，顧客がぼそっと言ったような細かいニーズや懸念事項を調べ上げ，丁寧に情報提供をするという地道な営業活動を行っており，それが安定的な成約に繋がっていた。

　知能と性格との違いをより詳しく以下に解説する。知能にはその差があり，かつ高いことによって成果上のメリット（数値処理に長けているなど）が生まれることを前提とする。知能に関連した世界で最初の就職試験は，中国の科挙であった。科挙では，成績が高いことが就職という成果上のメリットに繋がった。また，知能に関する科学的研究の端緒となったBinetによる研究では，教育の効率化を目指して，知能検査によって実際の年齢よりも知的発達が遅れている水準の得点が示された場合，知的発達の遅れを取り戻すための適切な教育を促すことが重要とされた。ビネー・シモン尺度に含まれる検査課題には，例えば，硬貨を数えること，重さの順番にブロックを並べることが含まれ，各課題には年齢レベルが設定された。課題が遂行できる年齢のことを「精神年齢」と呼んだ。課題が難しければ年齢レベルは高いとされて，その課題の遂行がで

きる者は精神年齢が高いとされた。ビネー・シモン尺度のスタンフォード大学版によって，この精神年齢の概念は知能指数（Intelligence Quotient：IQ）と呼ばれるようになった。スタンフォード・ビネー尺度は，歴史上初めて知能指数を用いた検査であった。知能指数が高いことで言語的推理がより上位レベルでできることや記憶量が多いことなどが意味された。他の有名な知能を測定する尺度（例えばウェクスラー尺度）でも，知能が高いことはより多くの知識があり，数字や単語の理解に優れていることなどが意味された。

　一方で，パーソナリティは元々の研究上の関心がその差の記述にあった。人間の心理的特性の差をパーソナリティという観点から記述するのに適した理論的枠組みを探索することに長い年月が費やされて現在に至っている。知能のように検査結果が高いことによる成果上のメリットが想定され，上位か下位かを垂直方向で論じる研究の系譜とは異なり，多くのパーソナリティ研究はあくまで個人間の差の記述にその研究の目的があった。

　つまり，極めて簡単に言えば，AさんとBさんでどちらがより上位のスコアなのかを論じるのが知能研究であるのに対して，AさんとBさんの間に上位・下位を必ずしも想定せずに，個人としての差を決定づける特性は何なのかを論じるのがパーソナリティ研究である。

　辞書からパーソナリティを示す語を抽出した辞書研究による方法は，欧米であっても日本であってもパーソナリティ特性研究の共通的アプローチであった。辞書から語が抽出されるときに，活躍している人間のパーソナリティ特性語だけが抽出されることはなく，つまり成果上のメリットを想定せずにいわばフラットに人間のパーソナリティ特性が抽出された。

　しかし，就職試験の場面で性格検査が扱われる際には，検査結果の高いことが良いという前提で検査がなされていることが多いのである。ここに，理論的枠組み・研究の関心と今日的実務との間の大きな乖離が発生している。就職試験では外向性が高い学生は良い学生だ，などの見方で性格検査を用いてしまっているが，そもそものパーソナリティ研究はそのような観点で研究の歴史が蓄積されていないのである。よって，特定の性格検査因子の得点が高いとき，その人が何らかの成果の面で良いのかどうかを断定的に論じるには極めて慎重な判断が求められる（**図表5-5**）。

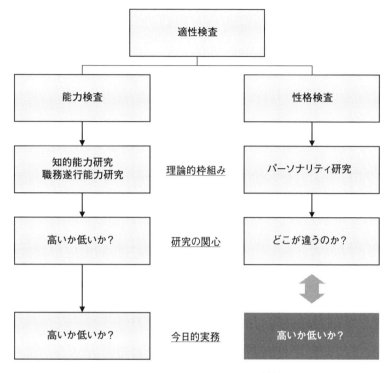

理論的枠組み・研究の関心と
今日的実務との間に大きな乖
離が生まれてしまっている

ⓑ 性格の適用範囲の誤解

　第2に，性格の適用範囲の誤解がある。性格の得点が高いことによる「良
さ」とは何なのかを考えるとき，その範囲の限定性を考慮に入れなければなら
ない。例えば，ビッグファイブの「開放性」が高い場合，全ての職務において
高い成果を出すわけではない。情報収集が求められる仕事では高い成果を出す
かもしれないが，社会にある仕事はそのような仕事ばかりではない。目の前の
定型業務を地道に間違いなく長年行い続けることが大事な仕事もある。開放性
が高い場合には，アイデアが豊富なばかりにそのような仕事では長続きしない
かもしれない。

Aさんの性格検査結果例 この波形の意味って・・・？

- 個別のフィッティングがないとなんとなくでしか判断できない
- 自社で見るべきポイントを定めている場合でも主観的に決定しており，客観的根拠に乏しい場合が多い

自分の会社で個別にどこをどの程度求めるかを客観的根拠に基づいて定めたときにこそ，左の波形の意味がわかる

　知能の得点の高さが言語，数値，思考などの比較的広範囲にその成果上のメリットを及ぼすのに対して，性格の得点の高さは限定的な範囲にその成果上のメリットを及ぼす。知能検査の得点の高さと性格検査の得点の高さはその質が異なるのである。社会に存在する仕事には多様性があり，同じ営業職といっても業界・業種，個別の組織体ごとに差がある。よって，本来は自社という個別の組織体において性格の高低と成果上のメリットとの個別的関係性がどのようなものであるかをあらかじめ明らかにする必要がある。つまり，性格検査の高低は，個別の組織体にフィットする準備が整ったときにはじめて意味をなす。範囲を決めずに，とにかく性格検査の得点が高ければ高いほど良いというものではない（**図表5-6**）。

　B社ではこれらの検討がなされていなかった。それが性格検査と面接成績・人事評価との乏しい関係性に繋がったものと考えられる。

2　適性検査改革

　B社のような課題意識を国内企業C社も持っていた。利用していた適性検査が自社にフィットしていないのではないかという課題意識であった。

　そこでC社では，自社にフィットした適性検査を専門家の支援を受けながら作ることにし，計7カ月で自社にフィットした適性検査の開発を完了した。具体的には4月に調査を開始して，6月にパイロットテストを行い，8月には適性検査の因子と質問項目が完成した。9月からシステム会社の支援を受けながら12月にはシステム利用が可能になった。翌年1月からはその年度の就職活動生（主に大学生）を対象にした適性検査受験ができる体制を整えた。

　その後，就職活動生への適性検査受験を開始してから約4年が経過した段階で検証を行った。この適性検査を受験した就職活動生の得点と入職してから3年間の働きぶりを比較したのであった。その結果，この適性検査の結果によって入職後の業績を約80％から90％の精度で予測していたことが明らかになった。つまり，入職していない就職活動生の時点で，入職した後の職務成果を極めて高い精度で予測していたのであった（**図表5-7**）。

　なぜそれだけの成果が得られたのだろうか。以下にC社における取り組みを解説した。

│図表5-7│ C社における適性検査改革プロセス

⑴ 業績がなぜ生まれるのかを就職試験時点から考える

C社では「業績がなぜ生まれるのか」という問いに答えることから始めた。このとき徹底したのは，入職後の働きぶりの違いを生み出す「就職試験時点」での就職活動生の違いを明らかにすることであった。就職活動生の時点で何らかの際立った特性を見出し，その特性と入職後の働きぶりとの関係性を明らかにしようという試みであった。

C社では，それまでに就職試験時に利用していた適性検査において誠実性の検査結果が高ければ入職後の業績は本当に生まれるのだろうか，または，言語や数値に関する能力検査の結果が低ければ入職後の業績は生まれないのだろうか，などという疑問を以前から持っていた。それらの放置していた疑問に正面から向き合うことにした。

業績を生むために必要となる特性についての調査といえば，古典的なコンピテンシーインタビューが思い出されるだろう。C社が行なった調査は，業績創出過程を行動特性や思考特性などに求めた点においてはコンピテンシーインタビューとの類似点がある。しかし，C社では就職試験時点，なかでも就職試験において実施される適性検査を念頭に置いた上で，パーソナリティ研究と知的能力研究・職務遂行能力研究を理論的枠組みとして業績創出の理由を探った。つまり，就職試験の適性検査で何を聞けば入職後の業績に繋がるのか，という

| 図表5-8 | 業績創出を就職試験で実施される適性検査時点から考える

点に注力したのであった（**図表5-8**）。業績とは単に単年度の販売成績や人事評価を指すものではなく，中長期的な組織への貢献度も意識して調査がなされた。

　まず，C社の中核社員33名にインタビュー調査を行った。現場では本当に知的能力が高い人の販売数が多いのか，高学歴の技術者がいい製品設計をしているのか，明るく印象がいい人だけが製品を売れているのか，などの長年の疑問について適性検査を念頭に置きながら現場のキーパーソンに回答を促した。中核社員は営業職の管理職，活躍する若手営業職，技術職の管理職，活躍する若手技術職，人事部長，採用部署管理職などから構成された。役職と部署を基準に対象者を6個のグループに分けて各グループへ約90分の半構造化インタビューを実施した。

　その結果，以下のような極めて生々しいコメントが得られた。コメントは多岐にわたった。一例を抜粋して図表5-9〜図表5-13に示した（コメントは趣旨が変わらない程度に筆者によって表現を変更した）。特徴的だったのは，それまでC社で利用していた適性検査の前提とは異なる現場での知見が複数得られたことであった。

　例えば，**図表5-9**に示した通り，「地味系」と呼ばれるトップ営業社員が存在した。営業職というと適性検査によっては営業職としての職種適性が測定され，それが得点化されてレポートに表示されることもある。しかし，一般的に「明るい系の営業職としての職種適性」と「地味系の営業職としての職種適性」というように分けられることはない。平均をとるとどちらつかずになるため，明るい系と地味系の平均をとっても意味がなくなる。つまり，明るいことで良い印象を与える適性だけを高く評価しても，C社においては一面的に過ぎることがインタビュー調査の結果明らかになった。

　ただし，営業と異なる部署では地味系では活躍できないということであった。実務の現場における複雑性が示された。インタビューでは，適性検査もこの複雑性に対応したものでなければならないということが指摘された。

　コミュニケーションに関する特性については新人の時には必要だが，初動の勢いをその後継続するためにはコミュニケーション以外の特性が必要だということが，インタビューの結果明らかになった（**図表5-10**）。コミュニケーショ

図表5-9　実は営業現場に少なくなかった地味系トップ社員の存在と複雑性

ぱっと見た印象がいい，スター性がある人が往々にして売れていますね。明るくてイケメンっていう感じ。ただ，そうじゃないパターンで売れている人もいます。ほら，あの，ぱっと見で地味で暗めだけど，丁寧さや誠実さがあるようなタイプで。売れている営業社員の割合だと，大体スター系が７割で地味系が３割ですね。

スター性のある人が売れているけど，すごい地味な人もとても売っているんですよ。地味でも丁寧に仕事して。自分に厳しくて，結果にこだわってやっているんでしょうね。だから，地味で暗めの印象でも売れていくんですよ。

うーん，営業と違って，こっちの部署では地味で活躍している人はあんまりいないですかね。現場でいろいろな立場の人と関わる仕事だから。ぼそぼそって話しているとさすがにそれはいくら真面目でも厳しいですよね。

図表5-10　コミュニケーション力の初動効果と中長期的限界

コミュニケーション能力が高いとかそういうのが大事って就職のとき言われるじゃないですか。でも，そうですね，新人のときは確かにコミュニケーションが上手い人は成長スピードはありますね，うん。ただ，そのままずっと突き抜けられるかどうかはこれまた別の問題なんですよ。

初動はコミュニケーション力で押し切れても，その力だけでその後の成長や業績が続くかどうかってなるとこれまた別問題です。コミュニケーション以外で早く自分の強みが見つけられる能力がある人は伸びていきますけど，いつまでも“コミュニケーション・コミュニケーション”だけの人は厳しいですね。

ンに関する特性は，就職試験では適性検査だけではなく面接などの成績に与える影響が大きい。しかし，インタビュー調査の結果，過度にコミュニケーションに関する特性を高く評価してしまうことのリスクが明らかになった。

　メンタル面についての指摘も相次いでなされた。メンタルに関する特性を問う既存の心理尺度では「落ち込みやすいか」を問う質問などが一般的に設けられて，「落ち込みやすくない」という人が「情緒安定性」が高いという方向に得点付けられることが一般的である。しかし，インタビュー調査の結果，C社におけるメンタル面の特性は別の意味を持つことが明らかになった。C社で業績が高い人はむしろ落ち込みやすかったのであった。つまり，落ち込みやすくて非常に繊細だからこそ，怒られないように，そして問題が起こらないように

┃ 図表5-11 ┃ 実は落ち込みやすい高業績者

> ほら，よく"メンタルの強さが大事だ"って言われるじゃないですか。あれ，本当なのかなって思うんです。怒られるとなかなか回復しないような，気にし屋さんでも業績いいですもん。そういう人たちを見ていると，怒られるとメンタル弱いのを自分でもなんとなく感じていて。だから，繊細なんですよ。怒られないように先回りしている感じですね。怒られないような工夫をするような先読みで考える力というんですかね。繊細で打たれ弱いような人のほうが売れてますよ。

> 打たれ強さというより打たれないようにするための努力やそのための敏感さ。健全な臆病さというんでしょうか，そういうのが業績を生む上で大事だと思います。

> お客様の家族構成が複雑なこともあるんですよね。離婚して家族のところに戻ってくるとか。そういうお客様に対してどこまで踏み込むか。踏み込まなさすぎると当たり障りのない会話になってしまう。どこか嘘くさくなって，真のニーズまで届かない。逆に，気にせずに踏み込み過ぎるとお客様から失礼な人だと思われる。そのバランス。繊細だけど思い切りがあるような人は現場から信頼されていますよ。

先回り・先読みするという特性がクローズアップされた。

　ただし，実態は単純ではなく複眼的な視点が必要であった。落ち込みやすく繊細なだけでは業績が生まれないことも併せて指摘された。繊細なあまり，気を遣いすぎて遠慮してしまっては仕事が進まないのだという。繊細さだけに終始せず，場面によっては，こんなこと聞いていいのかなということも"ずけずけと"踏み込んで聞ける，という思い切りの良さも併せて必要であることが示された（**図表5-11**）。

　有能感もただ単に高ければいいというものではないことも明らかになった。既存の心理尺度では，有能感やそれに類する特性は望ましい特性として適性検査を高い得点に方向付けることが少なくない。しかし，C社では有能感が高いことが望ましい方向に働くかどうかは注意深く検討するべきだという指摘が相次いだ。単に有能感があれば高得点・なければ低得点というシンプルなストーリーに職場の実態は収まらないことが示された（**図表5-12**）。

　知的能力についての指摘も多くなされた。C社が利用してきた能力検査で問

｜図表5-12｜　トラブル対処に実は使えない有能感

採用面接したときに"いいな"と思う学生が，入社した後に思う通りに伸びないことが多いですね。その理由を考えてみたんですが，業績が悪い人は取り繕う人が多い。なんというか，都合が悪いことに目を背ける。トラブっていることにはそういう人は入っていかずに綺麗に済ませようとするんですけど，それだけじゃ解決しないからトラブってるんですよ。そういう人は社内的に信用を失ってしまいますね。あ，逃げたなって。えてして自分に対する優秀さへの意識が高い人がそういうことをするんです。就職試験時の高すぎる有能感は要注意です。

有能感の得点が高い結果であれば，前向きに仕事に取り組めそうだとか，新しい業務知識の習得ができて変化に対応できそうだ，とか，そういう単純明快なストーリーで業績が出ているわけじゃないですよね。つい単純明快なストーリーを期待しちゃうのですが，仕事の現場の事実や実態はそうじゃないということです。

われたような計算や国語などの知識は，営業職・技術職を問わずそこまで必要
とされていないという指摘が相次いでなされた（**図表5-13**）。

　これら以外にも多岐にわたる指摘がなされた。人事部が選定した適性検査の
前提とC社の職務現場での業績の生まれ方との間に大きなギャップが見つかっ
たのであった。

┃ 図表5-13 ┃ 職場での知的能力のリアリティ

> いわゆる"勉強ができる人"は仕事をセーブしちゃって逃げる傾向に
> ありますね。だから，最低限の地頭だけで，あとはいらないかな。学
> 校的なのは最低限でいいと思いますよ。あんまり効率重視の論理的思
> 考みたいな感じだとセーブしちゃって。それが後々の品質の低さにつ
> ながったりお客様からのクレームにつながったりとか。

> 営業ができる人っていうのは専門分野に秀でているんです。その専門
> 分野は別に勉強じゃなくて，スポーツでも音楽でもなんでもいいんで
> すよ。勉強の頭の良さや学校で習うことの知識というよりも，なんて
> いうか変なことに詳しい人ですね。知能は全く関係ないわけではない
> けれど，高学歴が業績を出しているわけではないですしね。

> 営業に比べて技術職って知識や頭の良さが必要とされるイメージがた
> ぶんあるとは思うんですけど，実際は頭の良さというよりも，人のこ
> とを好きっていう感じの人が活躍しています。お客様が好きだから現
> 地を見に行こうとか，営業社員を助けてあげる技術を学ぼうとか。

> すごい学力や知的能力が高い人がいてもいいけど，全員である必要は
> ない。ものによっては高度な知識が必要な仕事もあるから，ちゃんと
> 勉強ができるのに越したことはないっていう人もいる。ただし，チー
> ムに少しいてもいいかなという程度ですね。全員そんな感じだと技術
> 職であってもうちの会社では難しいと思います。

⑵ パイロットテスト

インタビュー調査を通して得られた知見をもとに適性検査のパイロット版を開発した。パイロット版適性検査は，能力検査と性格検査により構成され，複数の因子と質問項目が設けられた。例えば，落ち込みやすい人の情緒安定性を低く評価するという単純な方法ではなく，落ち込みやすい繊細さをうまく評価するような構成にした。検査結果においては，将来の業績を予測する指標とメンタル問題の発生を予測する指標を設けた。

このパイロット版適性検査を用いてC社の社員306名へのパイロットテストを実施した。複数年度の人事評価と販売成績などをもとに社員を高業績者166名と低業績者140名とに分けてパイロット版適性検査を実施して，実際の業績とパイロット版適性検査結果との整合性が担保できるかどうかを検証した。また，メンタル面での問題が実際に見られた社員17名（306名に含まれる者）にもパイロット版適性検査を実施してもらい，メンタル問題発生者に特有の傾向が認められるかどうかも検証した。

簡単に言えば，社員306名の実際の業績について，パイロット版適性検査の回答結果だけから業績が高いと分類されるのか，それとも低いと分類されるのかを計算式によって算出して，実際の業績の高低のデータと突き合わせて予測の正解・不正解を検証するという手続きをとった。適性検査の回答結果だけを見て予測するため，適性検査の質問項目への回答結果から得られる情報が業績の高低を明確に区分できるだけの情報であれば予測の正解が多くなる。一方で，適性検査の質問項目への回答がいわばバラバラであって，業績の高低とは全く無関係になされた場合には，予測は不正解だらけになる。メンタル問題についても同様のロジックを用いた。

ⓐ パイロット版適性検査による業績の予測結果

業績の予測結果を**図表5-14**に示した。χ二乗検定の結果，度数の偏りは有意であった（$\chi^2(1)=165.95$，$p<0.001$）。すなわち，予測による業績の高低と実際の業績の高低には有意な関連性が認められた。表中の度数147と119が，19と21に比べて相対的に大きいことが示されたことから，予測による高業績者は実際の高業績者に相対的に多く該当すること，予測による低業績者は実際の低業

$\chi^2(1)$=165.95, p<0.001	高業績（実績）	低業績（実績）
高業績（予測）	147	21
低業績（予測）	19	119

績者に相対的に多く該当することが確かめられた。

　306名の社員のうち，職場の評価によって実際に高業績群に分類されていたのは，列の合計（147+19）で166名であった。これに対してパイロット版適性検査によって高業績群に予測されたのは，行の合計（147+21）168名であった。このうち実際の分類と予測の分類とでいずれも高業績が重複するセルには147名が該当した。よって，高業績群と予測した168名のうち147名が正しい予測であり，予測値を分母として考える場合に，147÷168×100＝87.5％の正判別率であった。一方で，21名は誤った予測であり21÷168×100＝12.5％の誤判別率であった。実績値を分母として考える場合に，147÷166×100＝88.6％の正判別率，19÷166×100＝11.4％の誤判別率であった。

　306名の社員のうち，職場の評価によって実際に低業績群に分類されていたのは，列の合計（21+119）で140名であった。これに対してパイロット版適性検査によって低業績群に予測されたのは，行の合計（19+119）で138名であった。このうち実際の分類と予測の分類とでいずれも低業績が重複するセルには119名が該当した。よって，低業績群と予測した138名のうち119名が正しい予測であり，予測値を分母として考える場合に，119÷138×100＝86.2％の正判別率であった。一方で，19名は誤った予測であり19÷138×100＝13.8％の誤判別率であった。実績値を分母として考える場合に，119÷140×100＝85.0％の正判別率，21÷140×100＝15.0％の誤判別率であった。

　306名のうち営業系社員187名を対象にしたパイロット版適性検査による業績の予測結果を**図表5-15**に示した。営業系と技術系では職種が異なることから

両側検定：$p<0.001$	高業績（実績）	低業績（実績）
高業績（予測）	96	6
低業績（予測）	3	82

別の判別関数を構築した。

　フィッシャーの直接確率計算の結果，人数の偏りは有意であった（両側検定：$p<0.001$）。予測による業績の高低と実際の業績の高低には有意な関連性が認められた。

　高業績群については，予測値を分母として考える場合に94.1%，実績値を分母として考える場合に97.0%の正判別率であった。低業績群については，予測値を分母として考える場合に96.5%，実績値を分母として考える場合に93.2%の正判別率であった。営業系社員と技術系社員とを合わせた図表5-14の分析結果よりも，営業系社員を分けて判別関数を構築したことによって正判別率が大幅に向上した。つまり，営業系と技術系とではC社という同一組織において共通した業績の生まれ方がある一方で，職種によって業績の生まれ方が異なる部分もあるということが推察された。営業系には営業系の，技術系には技術系の業績の生まれ方があるということと解釈された。そして，その測定を適性検査で適切に行えば，極めて高い業績の予測が可能になることが示された。

　306名のうち技術系社員119名を対象にしたパイロット版適性検査による業績の予測結果を**図表5-16**に示した。

　フィッシャーの直接確率計算の結果，人数の偏りは有意であった（両側検定：$p<0.001$）。予測による業績の高低と実際の業績の高低には有意な関連性が認められた。高業績群については，予測値を分母として考える場合に98.5%，実績値を分母として考える場合に97.0%の正判別率であった。低業績群については，予測値を分母として考える場合に96.2%，実績値を分母として考える場

図表5-16 業績の予測判別結果（技術系n=119。単位：名）

両側検定：$p < 0.001$	高業績（実績）	低業績（実績）
高業績（予測）	65	1
低業績（予測）	2	51

合に98.1％の正判別率であった。営業系と同様に，技術系を分けて判別関数を構築したことによって正判別率が大幅に向上した。

ⓑ パイロット版適性検査によるメンタル問題の予測結果

パイロット版適性検査によるメンタル問題の予測結果（全306名対象）を図表5-17に示した。

メンタル問題の発生が実際に見られた（業務に起因した精神不調による休職や配置転換があった）のは17名であった。表内の実績の「有」は，そういったメンタル問題の発生があった社員を意味した。予測の「有」は，メンタル問題の発生が予測された社員を意味した。

図表5-17 メンタル問題の予測判別結果（n=306。単位：名）

両側検定：$p < 0.001$	有（実績）	無（実績）
有（予測）	14	1
無（予測）	3	288

（営業系n=187，技術系n=119。単位：名）

営業系社員	有（実績）	無（実績）
有（予測）	9	0
無（予測）	0	178

技術系社員	有（実績）	無（実績）
有（予測）	8	0
無（予測）	0	111

　フィッシャーの直接確率計算の結果，人数の偏りは有意であった（両側検定：$p<0.001$）。予測によるメンタル問題の有無と実際のメンタル問題の有無には有意な関連性が認められた。問題有りの群については，予測値を分母として考える場合に93.2％，実績値を分母として考える場合に82.4％の正判別率であった。問題無しの群については，予測値を分母として考える場合に99.0％，実績値を分母として考える場合に99.7％の正判別率であった。

　メンタル問題について営業系社員187名を対象にしたパイロット版適性検査による予測結果を図表5-18に示した。営業系と技術系では職種が異なるため別の判別関数を構築した。その結果，100％の正判別率が得られた。技術系社員119名を対象にした予測結果も図表5-18に示した。同様に100％の正判別率が得られた。営業系社員と技術系社員とを合わせた分析結果でも高い正判別率が示されたが，営業系と技術系とを分けることによってより高い正判別率が得られた。

以上の通り，適性検査によって非常に高い精度で社員の業績とメンタル問題を予測することに成功した。つまり，適性検査という道具も使いようということである。

　業績の生まれ方やメンタル問題の発生原因について，現場に根付いた質問項目と判別関数が用意されていれば，適性検査の結果を見ただけでその社員の業績の高低やメンタル問題の有無が高い精度でわかる。しかし，現場に根付いたものではない場合には，適性検査はただ受験するだけで「何かの参考資料」という結局活用されないデータになり，毎年度それに企業内の貴重な財源をかけてしまうという結果になる。

　パイロットテストの分析では，能力検査の結果が業績とメンタル問題の予測に使えないことも明らかになった。そのため，全ての予測において能力検査ではなく性格検査のデータを用いて判別関数を構築した。

　C社では，既存の適性検査の利用をやめて，すぐに新卒採用においてこの適性検査を用いることを決定した。

(3)　本番導入と縦断調査による効果測定

　C社では，パイロットテストの後，微修正を施した上でWEBシステム化を行い，新卒採用の就職活動生に対して適性検査を実施した。適性検査は性格検査と能力検査から構成し，性格検査のみを予測に用いた。能力検査は以前利用していた適性検査とは異なり，大幅に質問項目を削減した。

　その上で，追跡調査を行うことにした。C社においては社員間で業績に差が生じるまでに3年程度かかると考え，追跡調査による検証は入職後3年目が終了するまで待つことにした。つまり，就職試験の時点から換算すると約4年間の追跡調査を行った。

　就職試験での適性検査受験データと入職後満3年度の業績データが得られたのは81名であった。この81名について適性検査結果と実際の業績との比較検証を行った。上述の社員306名のデータとは異なり，就職活動生を対象とした適性検査においてどのような結果が得られるかは大変興味深いものであった。未入職の就職活動生の適性検査への回答データを用いて，その者が入職して社員となって満3年間経過した後の業績データとの比較という大がかりな取り組み

│図表5-19│ 就職活動時から入職３年経過後までの縦断調査結果

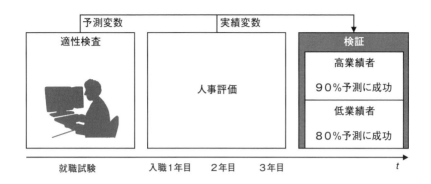

となった。

　なお，本書執筆現在もこの適性検査は用いられているため，本書で公開可能なデータは限られた。以下には，検証結果の概要を示した（**図表5-19**）。分析の結果，就職活動生として就職試験に臨んだ際に受験した適性検査への回答データのみを予測変数として，入職後３年間の高業績を約90％，低業績を約80％の精度で予測することに成功した。高業績群の誤判別者の約10％についても，判別上の誤りの度合いは低いものであり，低業績群の誤判別者も同様であった。

　適性検査を正しく活用すれば非常に高い精度で入職後の業績予測が可能になる。これは企業側にとってのメリットだけではなく，学生にとっても自分が業績を出せそうな会社かどうかを適性検査の合否を通して早期に知る機会になるというメリットになる。望ましい会社・仕事選びのために適性検査ができることは，実はこんなにもあるのである。

3　企業実践への具体策

　本章では，リサーチクエスチョン２「わが国の企業で実施された就職試験の本番時の性格検査の成績が面接成績と入職後の職務成果に対して予測的妥当性を持つか」を検討した。その結果，Ｂ社では性格検査の成績が面接成績と入職後の職務成果である人事評価に対して予測的妥当性を有さないということを明

リサーチクエスチョン2

わが国の企業で実施された就職試験の本番時の性格検査の成績が面接成績と入職後の職務成果に対して予測的妥当性を持つか

面接成績と入職後の職務成果のどちらに対しても性格検査は有意な関連性を示さなかった

アクション2

性格検査によって入職後の職務成果を予測する方法を検討し，実践後の成果を示す

業績がなぜ生まれるのかを適性検査の観点から明らかにして，予測を行う統計手法を導入することで高い精度での予測を実現した

らかにした。

それを踏まえて，アクション2「性格検査によって入職後の職務成果を予測する方法を検討し，実践後の成果を示す」ことに取り組んだ。その結果，C社では就職試験時の性格検査によって，入職後の職務成果を約80%・90%という非常に高い精度で予測することに成功した（**図表5-20**）。

以上を踏まえて，企業実践への具体策を本節では述べる。これまで筆者はB社やC社に限らず，適性検査から入職後の職務成果を予測する研究と企業実践を数多く手がけてきた。そこで得られた実践知も紹介しながら，読者が属する会社でも「実際にやれる」「やってみよう」と思えるような形で具体策を以下に述べる。

⑴　勘違いのルートに気付く

C社の適性検査改革のスケジュールは上述した通りであった。すなわち4月に取り組みを開始して，6月には社内パイロットテストを実施して8月には最終版の適性検査の因子と質問項目が完成した。9月からはWEBシステム化を行ったが，この段階では既に内容面の検討は終了しており，WEBシステム会社に委託した。そのため，実際は4月から8月までの約5カ月間で，自社にお

いて高い成果を残す就職活動生を高い精度で予測する適性検査の開発がほぼ完了したのである。適性検査を開発すると聞くと非常に長い期間が必要とされるというイメージを持つ読者もいるかもしれないが，実質5カ月あれば可能な取り組みである。

C社で見られたような結果を示すと，適性検査改革に乗り出す経営層が多い。採用する人材の質によって自社の戦力が決定することを日々痛感しているからである。経営層は様々な会社との繋がりがあるため，様々な人を見ており，人材の質が顧客サービス，商品開発，生産効率，事業戦略などに影響を与えることを経験的に知っていることが多い。

一方で，採用実務担当者にC社で見られたような結果を示すと，前向きに捉える方もいるが，「いや，そこまではちょっと…」という姿勢を示す方もいる。消極的な姿勢を示す方に共通するのは，採用活動は毎年恒例のイベントであり，採用した人材が入職後にどういう働きぶりを示すかは二の次，という考え方である。入職後の働きぶりは教育研修担当者や事業部担当者の責任になるため，その段階では既に採用実務担当者の手から離れている。毎年やってくる就職活動シーズンで学生の興味を引くこと，目立つような宣伝や説明会を行うこと，社員に登場してもらっていい話をしてもらうこと，面接で印象の良かった学生に自社に来てもらうことが目下の関心になっている。それ自体は良いことだが，採用した学生が入社し人的資源となった後のほうが企業活動に強く影響を与えるのである。

そのような採用実務担当者に常にお聞きしているのが以下の質問である。「では御社の人事評価基準を競合他社と全く同じにしてはいかがでしょうか？」。

例えば，グーグルであればマイクロソフトと全く同じ人事評価基準にする，ソニーであればサムスンと全く同じ人事評価基準にするといったイメージである。この質問に対してイエスと答える採用実務担当者はさすがにいない。ここに適性検査の本質がある。

人事評価は，自社社員が業績を生んで組織に貢献する方法を示すものである。どのような行動を求めるのか，どのようなスパンでどの程度の売上や粗利益をあげれば自社全体の業績が上向くのか，などを定めたのが人事評価基準である。人事評価基準は会社ごとに異なることが一般的である。自社には自社の勝ち方

があるためだ。

　就職試験は，究極的にこの人事評価基準を将来的に満たせる可能性が高い人材を選抜する場である。すなわち，自社の勝ち方を体現できそうな人，自社の新たな勝ち方を創造できそうな人を未入職の就職活動生時点から予測するという作業に相当するのが就職試験の選抜である。よって，就職試験で測定・評価すべき項目は，人事評価基準で測定・評価される項目と極めて密接な関係性を有する。

　しかし，一般的な適性検査となると，自社の勝ち方とは程遠い概念が並んでいることが少なくない。そのため，どう解釈したらいいかわからずに属人的な解釈がなされてしまうのである。一般的な適性検査では，外向性，論理的思考力，フットワークの軽さ，メンタルタフネスなどの一般的な特性が測定・評価されている。しかし，仕事の成否は一般的な特性ではなく，一般的な特性が個別的状況でどのように発揮されるかにかかっている。

　例えば，C社ではメンタルタフネスのある人とは，実は「落ち込みやすくて，怒られる・問題が起こるのを回避するために先回りできる特性がある人」であった。C社が手掛ける事業ではお客様個々人の人生にとって大きな意味を持つ商材を扱っている。だから1つ問題が起きればたちまち大きなトラブルに発展していく可能性がある。そのような個別的状況を背景にすると，「落ち込みにくい」という一般的なメンタルタフネスはあまりにも抽象的で見る意義に乏しい。

　仕事は日々の極めて個別的な状況でなされている。営業社員の1つの提案，カスタマーサービスの電話応対のワンストローク，研究開発部隊の日々の小さな発見，広報による1つの広告，人事部による1通のメールなどが積み重なって，顧客は購買意欲を高めたり，社員はエンゲージメントを高めたりしている。そういったレベルで日々の仕事がなされているのに対して，一般的な性格特性による評価だけでは職務成果への影響力が極めて限られてしまうため，性格特性をもっと具体的に，しかも自社の業績の生まれ方に沿った形で設定し，測定できる状態にしなければならない。

　入職後の職務成果を高い精度で予測することで人材の質を高められる可能性があるのに，そういった施策に「いや，そこまではちょっと…」という消極的

| 図表5-21 | 本来のルートと勘違いのルート

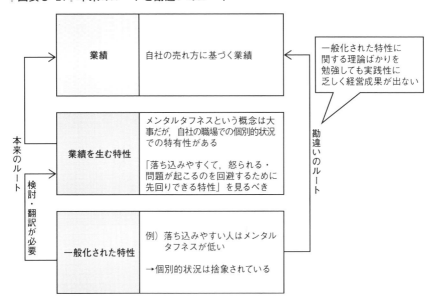

姿勢を示す採用実務担当者は，何らかの一般的すぎる特性によって入職後の職務成果が予測できるはずだという幻想を持っている。しかし，現に人事評価基準が他社と違い，職務成果が生まれる場面も他社と異なる個別的状況なのである。個別的状況においては，教科書通りではない特性のあり方が求められる。このメカニズムと勘違いを**図表5-21**に示した。

(2) ステップ別チェックリスト

　読者が属する会社において適性検査を開発・活用するための流れを，わかりやすく**図表5-22**のステップとステップ別のチェックリストで示した。

　ステップ１では，社内で中核的な役割を担っている数十名を対象にインタビュー調査を行う。ここでただ漠然と高業績者の特徴を聞いてもあまり意味がない。就職試験時の適性検査において何を測定すべきなのか，といった観点を念頭に置かなければならない。また，コミュニケーション力が高ければよい，知的能力は高ければよいなどの常識にとらわれすぎず，自社での独自性を現場に根付いて抽出することが必要になる。職種などによって業績の生まれ方が異な

ステップ1	チェックリスト
インタビュー調査	✓ 漠然と業績の出方を聞くのではなく適性検査での測定を念頭に置いたか ✓ 常識にとらわれすぎていないか ✓ 職種やその他の差異を踏まえたか

ステップ2	チェックリスト
社員向けの パイロットテスト	✓ インタビュー調査を因子・質問項目に落とし込めたか ✓ 職種などの差異を踏まえた判別関数を構築したか ✓ 正判別率が100％に満たないときになぜ誤ったかを逐一チェックしたか

ステップ3	チェックリスト
WEBシステム化	✓ 即時予測が可能なよう自動プログラム化したか ✓ 学生の多様な受験方法（自宅，大学，テストセンターなど）に対応したか

ステップ4	チェックリスト
追跡調査・効果検証	✓ 数年間の蓄積をもとに検証したか ✓ 未来予測の困難さへの認識が共有されているか ✓ 独特すぎる個人に振り回されすぎていないか ✓ チューニングをその後も続けているか

る場合には分けて調査すること，またその中でも共通点がどこにあるかを抽出することも必要だ。

　ステップ2では，社員向けのパイロットテストを行う。インタビュー調査の結果を適切に因子・質問項目に落とし込むこと，職種などの差異を踏まえた判別関数を構築することが基礎作業として必要になる。その上で重要なのは，誤った判別結果が算出された人への解釈である。実績値だと業績が低いのに予測値では高いというような人について，なぜそういう結果が出たのか，一つひとつの質問項目や判別係数を掘り下げて検証する。もちろん実績値だと業績が高いのに予測値では低いという人も同様である。

　ステップ3では，WEBシステム化を行う。専門会社に委託することをお勧めする。就職活動生の動きのスピードに対応できるように，即時に結果が閲覧

できるようにすることが必須である。また，自宅，大学，テストセンターなどでの受験を可能にする体制づくりも必要となる。

　ステップ4では，就職活動生時点での性格検査の結果と入職後の職務成果との関係性を検証する。入職後の職務成果の実績と予測結果とを比較するには入職後数年間の追跡調査が必要である。エントリーシートと同様に "コツ" としては，初年度から100%の正解を求めないことである。ここで進めているのはあくまでも「未来を予測するという困難な課題」であることを認識しておく。また，独特すぎる個人にあまりにも振り回されないこともコツである。平均値処理に馴染まない独特な社員の結果は外れ値として扱った上で，全体の傾向を論じる工夫も必要となる。

　以上のステップを踏み，チューニングを継続すれば，Ｃ社の例のように約80%・90%という非常に高い精度で予測ができることが多い。その高い精度に驚かれる方も多いが，元々性格検査はそこまでの高みを目指せる選抜ツールなのである。

(3)　対策本のない性格検査

　就職試験では就職活動生による虚飾・演出的行動を考慮する必要がある，と前章で述べた。エントリーシートだけではなく，適性検査でも虚飾・演出的回答行動が見られる。例えば，「新たな情報を手に入れようとは思わないほうだ」という質問に対して「とてもあてはまる」という選択肢を選ぶ就職活動生はあまりいない。なぜなら，そう答えることによって開放性への低い評価に繋がるのではないかという直感が通常働くからである。適性検査においてこのような直感を確信に変えるのは対策本である。適性検査に対してどのように回答すればよいのかが事細かに書かれており，書店に並んでいて誰でも購入することができる。

　一方，本章で述べた方法ではそのような就職活動生の虚飾・演出的回答行動をかなり抑制することができる。そもそも自社独自の検査のため対策本が出回ることもない。「落ち込むとなかなか回復しない傾向があるように思える」に「まったくあてはまらない」と回答することに意味があると思う就職活動生がいるかもしれないが，Ｃ社の場合にはそれはあまり問題ではなく，それよりも

‖ 図表5-23 ‖ 虚飾・演出的回答と特性との関係性

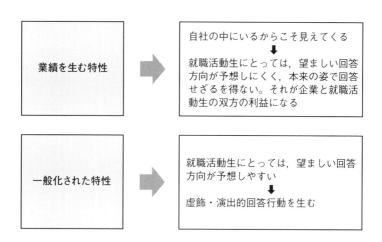

繊細で先回りできるかどうかという特性について，より大きな傾斜がかかって採点されている。図表5-21で示した「一般化された特性」に終始した質問項目で構成するからこそ常識と直感がまかり通って，それが対策本に繋がるのである。それとは異なる「業績を生む特性」によって構成された適性検査においては，望ましい回答とは何かを予測することが難しい（**図表5-23**）。

　本章で述べた適性検査の方法は「いたちごっこ」を止めることを直接的に目指すものではない。目指すのは，入職前の就職試験時点での適性検査を通して入職後の職務成果について高精度で予測することである。その目的を追求した結果として，就職活動生の虚飾・演出的回答行動が抑制され，「いたちごっこ」も終わるのである。

　一般化された特性から自社の職場という個別的状況での職務成果が直接導かれるという誤解に代表される，自社での業績の生まれ方と適性検査への認識不足が，予測的妥当性の低さと虚飾・演出的回答行動を生み出している。それらを改善することで，適性検査はかなり強力な人材選抜のためのツールになる。

第 **6** 章

面接の実証分析

　本章は，リサーチクエスチョン3に答えることを目的とする。その上で，アクション3に取り組んだ結果を述べる。

1　面接の重要性と分類

　就職試験の選抜法において面接の重要性は高い。新卒者選抜で最終的な合格・不合格を決定するのは面接であることが一般的である。

　面接の実証分析を進める上では，面接を一括りにすると議論が霧散してしまう。そのため，本節ではD社の実証分析結果に先立って面接の分類を行う。

⑴　就職選抜論の分類

　既に述べた通り，心理学的方法としての面接には調査的面接と臨床的面接があり，調査的面接にはさらに構造化面接，半構造化面接，非構造化面接がある。これらの心理学的分類は重要であるが，就職選抜論の分類として面接を論じるにはさらに以下の2つの考え方が重要である（**図表6-1**）。

ⓐ　合意形成型面接

　1つは合意形成型面接である。この面接では，望ましい人材像があらかじめ設けられた上でその人材像に合致するかどうかを複数の面接者が評価し，その

複数の面接者が
同一の被面接者に対して
行う評価間の一致
を求める

複数の面接者が
同一の被面接者に対して
行う評価間の一致を
求めない

評価が一致することを求める。例えば，「新たなアイデアを生み出せる」という望ましい像をあらかじめ設けて2名の面接者が1名の被面接者（就職活動生）に対して評価を行う場合を考える。2名の面接者ともに「うん。この学生は働きだしてから新しいアイデアを生み出す可能性があるな」と評価できた場合に面接者間で合意形成がなされたと捉える。実際は面接終了直後に一致するというより，その後の協議も含めて最終的に合意されることも少なくない。その場合も合意形成型面接に含める。

　逆に，ある面接者から見て新たなアイデアを生み出せそうと評価できても別の面接者から見てそうではないと評価された場合には合意形成に至らない。合意形成に至らないままでは，その学生を合格とすべきか不合格とすべきかが決まらない。これが他の面接と就職選抜論の面接との決定的な違いである。産業カウンセリングや臨床心理面接などの面接では，複数の面接者の意見が割れたとしても，次の面接を実施してより深く被面接者の理解を図っていくという意志決定ができる。しかし，就職試験の面接では，ほぼその場で合格か不合格かの二者択一を迫られる。就職試験では一次面接で面接者間の合意形成がなされずにとりあえず合格としてしまうと二次面接の被面接者数をむやみに増やしてしまい，限定的な面接者のリソースが割かれてしまう。最終的に内定を出して雇用するか・雇用しないのかという二者択一が求められるのが就職試験の面接である。いつまでも「とりあえず合格」「また次の面接で」というような問題

の先送りはできない。

　面接者間の合意形成がなされないままでは，その学生が自社にとって望ましい人材像に合致しない可能性がある程度あるのにもかかわらず，面接の合格通知を出してしまう。逆に，自社の望ましい人材像に合致する可能性がある程度あるのにもかかわらず，面接の不合格通知を出してしまうことにもなる。このような問題を避けるため，合意形成型面接では面接者間の合意形成がなされることを面接存立の要件にする。海外を中心とした就職試験の面接研究においては，合意形成型面接が前提とされることが一般的である。

　望ましい人材像は１つではないこともある。組織において活躍する人には様々な特性の組み合わせがあるためだ。前章で述べた通り，トップ営業社員といってもスター系と地味系とに分かれるというように人材像は１つではないこともある。この場合，どの人材像にあてはまりそうなのかについても面接では評価され，面接者間でその評価についての一致を確かめながら合否決定を行うのが合意形成型面接である。

ⓑ　非合意形成型面接

　もう１つは非合意形成型面接である。非合意形成型面接では，望ましい人材像があらかじめ設けられる点においては合意形成型面接と変わらないが，複数の面接者が同じ被面接者を評価する際に，その評価が一致することを必ずしも求めない。例えば，「新たなアイデアを生み出せる」という望ましい人材像をあらかじめ設けて２名の面接者が１名の被面接者（就職活動生）に対して評価を行う場合を考える。１名の面接者は「うん。この学生は働きだしてから新しいアイデアを生み出す可能性があるな」と評価したものの，もう１名の面接者は「いや。この学生は新しいアイデアを生み出せなさそうだ」と評価するとき，面接者間で合意形成はなされていない。

　このような場合には合格か不合格かを決定することが難しい。実務的に３名面接者がいる場合には過半数の２名以上が合格と判断した場合に次の面接に進めることもある。しかし，面接者が２名の場合には過半数や多数決という概念があてはまらない。

　面接者２名のうち１名が合格と判断すればよいというルールを仮に設けると

する。3回の面接（一次面接，二次面接，三次面接）で内定に至るという企業の場合，面接者がそれぞれ2名，2名，2名と配置され，ある就職活動生が全ての面接で1名は合格，1名は不合格と評価される。非合意形成型面接では，この就職活動生が内定を得ることもある。その結果，実際に入職したときに就職試験の面接で不合格と評価した人の部署で働くことも十分にあり得ることになる。新人の配属時には面接で合格と評価した人の部署で働く場合であっても，その後のジョブローテーションによって面接で不合格と評価した人の部署で働くことになることも考えられる。面接で不合格と評価した面接者は，元々この被面接者について「うちの会社には合わない」「うちの会社には貢献できない」と判断したのであるから，元々欲しくない人物を組織構成員にすることになる。

非合意形成型面接の背景にあるのは多様性の確保という発想である。「新たなアイデアを生み出せる」といっても色々なアイデアの生み出し方があり，ある面接者が評価する生み出し方と別の面接者が評価するそれとは異なるため，面接者間の評価が一致することを必ずしも求めないという発想である。その結果，部署に欲しくない人物が自部署に配属されることも構わないし，そういった人物でも入職後に化けて評価が変わるかもしれない，という発想である。

非合意形成型面接は特性の把握への認識論的な前提がある。まず，面接者は就職活動生の特性を把握しきれないという前提である。面接者による評価が異なるということは，「新たなアイデアを生み出せる」という特性には事前に整理しきれない様々な諸要素があり，よって評価する個々人によって異なる評価がなされるということである。この場合，「新たなアイデアを生み出せる」という基準は目安程度に過ぎない。実際には，面接者個々人が思う「新たなアイデアを生み出せる」特性をある程度自由に考えて評価を下すことを容認する。

さらに，現在の望ましい人材像だけでは将来必要な人材像を把握しきれないという前提がある。望ましい人材像を目安にしながらも，自由に面接者個々人が評価する結果，あらかじめ定められた望ましい人材像から，ある面接者によってはかなり逸脱した人物まで採用されることになるが，それを容認するということである。つまり，望ましい人材像は一応作るが，それにこだわらない採用を行うということである。

⑵ 合意形成型面接と非合意形成型面接のメリット・デメリット

以上を踏まえて，合意形成型面接と非合意形成型面接のそれぞれのメリットとデメリットを**図表6-2**に示した。

┃ **図表6-2** ┃ 合意形成型面接と非合意形成型面接のメリットとデメリット

	メリット	デメリット
合意形成型面接	組織社会化 Leader-Member Exchange Team-Member Exchange Person-Organization Fit	● 過去と未来の連続性が乏しい場合には使いにくい ● 職務成果が生まれるプロセスの属人性が高い場合には使いにくい
非合意形成型面接	多様性のある組織構成	● ジョブローテーションによる相性の凹凸 ● 会社組織全体としての統一した方向付けやバリュー確保が難しい

表面的な面接手続きではなく根源的な人材観・組織観の差異が根底にある

ⓐ 合意形成型面接のメリット・デメリット

合意形成型面接では複数の面接者間の合意に則り合格者が決定されるため，入職後の活躍を多くの部署で見込めることがメリットである。どの部署の人間からも程度の差はあれ一定以上の評価を受けた新人が入職するため，早期の組織社会化，上司との関係性（Leader-Member Exchange：LMX）の良さ，チームとの関係性（Team-Member Exchange：TMX）の良さ，組織とのフィットの良さ（Person-Organization Fit）などの面でメリットを享受できる。

一方で，合意形成型面接では，過去と未来の連続性が乏しい場合や職務成果が生まれるプロセスの部署横断的定義が難しい場合にデメリットが存在する。望ましい人材像を複数設けるとしても，自社の過去の成功から未来の成功を予測して望ましい人材像を作ることになるため，そもそも未来の業績の生み出し方に対する予測が難しいことがある。また，業界ルールが大きく変わるような場合には，望ましい人材像は過去のそれとは大きくぶれざるを得ない。さらに，

職務成果が生まれるプロセスにおいて極めて属人性が高い場合にも，望ましい人材像という概念自体があまりフィットしない。そのような場合には面接者間の合意形成がそもそもできにくい。

ⓑ　非合意形成型面接のメリット・デメリット

　非合意形成型面接では複数の面接者間の合意形成がなくとも合格者が決定されるため，多種多様な人物によって多様性のある組織が構成されることがメリットである。一方で，デメリットとして，部署配置に支障をきたしたり，上司との相性やチームとの相性がいい人と悪い人がはっきりして組織横断的な協働に支障をきたしたりすることが懸念される。さらに，会社全体として統一して持たなければならない方向付けやバリューへの共感に大きな差が出てしまう結果に繋がりかねないことも問題である。非合意形成型面接では，わからないことは面接者個々の判断に任せる，組織としてもどういう人がいいのか定義はできないから面接者個々で判断して欲しい，という前提があるため，面接者個々人の自由判断に組織の将来を委ねてしまい，組織全体としての方向付けができにくくなる恐れがある。それを上回る多様性のメリットがあると考えるのかどうかはまさに経営判断になる。

ⓒ　根源的な人材観・組織観の差異

　以上のように，合意形成型面接と非合意形成型面接は単に面接者間の合意形成の有無という手続き的な問題ではなく，その背後には「人材像定義と面接の限界」をどこまで認めるか，「会社全体としての一貫性」をどこまで組織構成員に求めるかという根源的な人材観・組織観の差異がある。

　採用実務担当者が海外の人材選抜研究を見て，面接には評価者間信頼性が大事だと感じても，実務では「それでは金太郎飴的な人員構成になってしまい多様性が損なわれるのでないか」とも感じて二の足を踏んでしまう。研究者も評価者間信頼性が大事と言いながらも，一方ではダイバーシティを論じる。「評価者間信頼性が大事」「多様性が大事」などと表面的な謳い文句のみで考えると面接による人材選抜の本質は理解できない。根底にある人材観・組織観の差異を理解することが求められるのである。

企業における実践法のあくまでも一例としては，部署配置や様々な上司・チームとの協働，会社全体として統一した方向付け・バリューへの共感を求めて合意形成型面接を原則としながらも，内定者の何割かをいわば自由採用枠として設けてその枠の人数については非合意形成型面接を認めることが考えられる。自由採用枠では面接者のうち誰か1人が合格とすれば次の段階の面接に進めることにして，面接者間の合意形成を求めないという実践法である。

　合意形成型面接を徹底する実践法も考えられる。人材像定義と面接の限界を認めて，人材像定義はしきれない，詳細な判断の一致は面接者間で完全にできないという前提に立ちながらも，その上で「これだけは譲れない」という人材像の中核部分のみを定義し，面接で評価すべき箇所を絞ってそこだけは面接者間での評価の一致を徹底して求めようという経営判断に基づく実践法である。中核部分では合意形成を徹底するが，中核部分以外については多様性を意識するということである。

　その他にも実践法はあるが，合意形成型面接と非合意形成型面接の根源的な部分の差異を理解せずに，混同したまま面接を進めるとどっちつかずになってしまう。その結果，どちらのメリットも十分享受できずに，どちらのデメリットにも直面してしまうことになりかねない。根源的な部分の差異を踏まえた上で，どのような形によって自社の将来の人員構成を行うのか，これはまさに経営判断であるが，この経営判断をする上で，上述のメリット・デメリットと根源的な部分の理解が足りないままになんとなく毎年度採用面接をしている企業が少なくない。

2　分析方法

　本章における実証分析に用いたD社では，人材像定義と面接の限界を認めて，人材像の網羅的な定義はしきれないという前提に立ちながらも，その上でD社で働くための中核的な人材像を定義した。面接で評価すべき箇所をそこに絞って，そこだけについては面接者間での評価の一致を求めようという合意形成型面接の方法をとる国内企業であった。本節では実証分析に用いたデータと分析方法を述べる。

(1) データ

本章の実証分析データは国内企業D社の就職試験本番で実施された面接のうち，最終的な内定可否が決定される重大場面である最終面接のデータを取得した。データの構造を**図表6-3**に示した。

2名の面接者による1名の就職活動生への各面接者の評価がなされた。「面接者1」には取締役が，「面接者2」には事業部長が任命された。取締役は事業部長の上位の役職であった。面接者1には9名の取締役から1名任命され，面接者2には10名の事業部長から1名任命された。

面接で評価する評価要素はD社における望ましい人材像であり，5個設けられた。「社会人の態度」「対人関係力」「性格の適合度」「誠実さ」「業績創出可

│図表6-3│ D社のデータ構造
（氏名は仮名，評定値は例示）

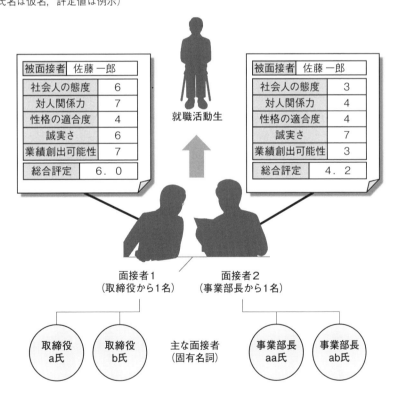

能性」の5個であった。

「面接者1」と呼称する場合は特定の取締役個人を指すものではなく，面接者1として配置された取締役を指した。「面接者2」も同様に特定の事業部長個人を指すものではなく，面接者2として配置された事業部長を指した。これらの場合，取締役は9名のうちいずれかの者であり，事業部長は10名のうちいずれかの者を指した。その上で，両者の評定値の一致度合いを検証した。

それに加えて評価者要因の検討を厳密に行った。主な面接者についての固有名詞のデータをもとにした。この場合は「面接者1」「面接者2」と呼称せずに特定個人として扱った。面接者1には取締役a氏と取締役b氏が多く任命され，それぞれ71回と80回任命された。面接者2には事業部長aa氏と事業部長ab氏が多く任命され，それぞれ85回と70回任命された。

これらのa，b，aa，abはD社の主要事業を担う部門を管掌する取締役と事業部長であることから，面接担当回数が目立って多くなった。面接者の組み合わせはa-aa（取締役a氏と事業部長aa氏が2名で同じ就職活動生を面接することを意味する。以下同じ見方）が48回，a-abが23回，b-aaが32回，b-abが42回であった。

就職活動生であり，内定を得てD社に入職した177名を対象にした。なお，面接者による評価シートへの記述が不明瞭な場合はデータから除いた。

(2) 方法

2名の面接者の評定値の一致すなわち評価者間信頼性を確かめた。順位相関係数（スピアマン），Cohenのκ係数を用いて一致度合いを分析した。単一の係数によらずに総合的に判断する方法を採用した。

順位相関係数の解釈は，絶対値で0～0.20：ほぼ相関無し，0.21～0.40：弱い相関あり，0.41～0.70：中程度の相関あり，0.71～：強い相関ありとした。Cohenのκ係数の解釈の目安として，0.40未満はpoor agreement，0.40～0.75はfair to good，0.75超はstrong agreementという見解もあるが（Kline 2005），より細分化した解釈が下井（2010）によって示されており，0～0.40を低い一致，0.41～0.60を中程度の一致，0.61～0.80をかなりの一致，0.81～を高い一致としていることから，本章は下井（2010）の解釈を用いた。

Cohen の κ 係数には，重みづけのない κ 係数（以下，Unweighted κ と呼称する）だけでなく，重みづけのある κ 係数（以下，Weighted κ と呼称）がある。Weighted κ は Unweighted κ よりも一致性について寛容な基準であり，より高い係数を報告する。本研究では Unweighted κ と Weighted κ を用いた。

総合評定値を用いた評価者間信頼性研究とは異なり，評価要素別評定値を用いた研究では複数の評価要素によって分析がなされるため，評価要素間の関係性の検証を通して評価者間信頼性の高低の要因を探ることが可能である。評価者間信頼性の高低を生み出す要因について検討すべく，多特性多評価者（MTMR：MultiTrait – MultiRater）行列を用いた。多特性多評価者行列は Conway（1996）により提案された方法である。同行列の作成には主な面接者となった取締役 a，取締役 b，事業部長 aa，事業部長 ab の 4 名の各評価要素の評定値を用いた。

多特性多評価者行列は（Ⅰ）同一の面接者が下した同一特性への評価結果が相関していること，（Ⅱ）異なる面接者が下した同一特性の評価結果が相関していること，（Ⅲ）同一の面接者が下した異なる特性の評価結果が相関していないこと，（Ⅳ）異なる面接者が下した異なる特性の評価結果が相関していないことの検証に適している（金井・髙橋 2004）。（Ⅰ）から（Ⅳ）までの内容を**図表6−4**に示した。

（Ⅰ）と（Ⅱ）は収束的妥当性と呼ばれ，評価者が誰であっても同じものを評価していれば評価結果も合う（収束する）ことを意味する。（Ⅲ）と（Ⅳ）は弁別的妥当性と呼ばれ，評価者の立場の違いや評価の癖の影響がなく，評価者が誰であっても違うものを評価していれば評価結果も一致しない（違いを弁別できる）ことを意味する。多特性多評価者行列による分析の手続きは髙橋（2010）を参考にして，就職試験の面接では以下のように検討した。

（Ⅰ）については同一評価者内対角行列（単一特性単一評価者行列：Mono trait – Mono rater Matrices）により検証されるが，D社の評価要素は上述した 5 個のみであり，同一構成概念（例えば「社会人の態度」）に複数の下位概念が存在するわけではない。そのため（Ⅰ）は検討対象外にした。

（Ⅱ）は異評価者間対角行列（単一特性異評価者行列：Mono trait – Hetero rater Matrices）に示される相関係数等により検証し，評価者が誰であっても

収束的妥当性 評価者が誰であっても同じものを評価していれば評価結果も合う（収束する）	（Ⅰ）単一特性単一評価者行列 Mono trait – Mono rater Matrices	同じ面接者の同一概念を構成する複数の測定項目間の一致性
	（Ⅱ）単一特性異評価者行列 Mono trait – Hetero rater Matrices	異なる面接者間の同一評価要素に対する一致性
弁別的妥当性 評価者が誰であっても違うものを評価していれば評価結果も一致しない（違いを弁別できる）	（Ⅲ）異特性単一評価者行列 Hetero trait – Mono rater Matrices	同じ面接者の異なる評価要素に対する独立性
	（Ⅳ）異特性異評価者行列 Hetero trait – Hetero rater Matrices	異なる面接者間の異なる評価要素に対する独立性

同じもの（特性）を評価していれば評価結果も合う（収束する）ことが望ましいとする考え方をとった。（Ⅱ）と（Ⅳ）はいずれも異なる面接者に着目している。（Ⅱ）の相関係数等が（Ⅳ）の異評価者間非対角行列（異特性異評価者行列：Hetero trait – Hetero rater Matrices）の相関係数等よりも高ければ，異なる面接者間において同一の評価要素に対する評定値が，異なる評価要素に対するそれよりも高く関連すると解釈した。

（Ⅲ）については同一評価者内非対角行列（異特性単一評価者行列：Hetero trait – Mono rater Matrices）に示される相関係数等により検証した。同じ面接者が異なる評価要素を別の概念として評価できているのかを検証した。

3　結果

本節では，D社のデータについての分析結果を述べる。

(1) 評価要素別の分布

5つの評価要素別の面接者1と面接者2による評定値の分布を**図表6-5**に示した。面接者による評価は0（最低），1，2，3，4，5，6，7，8（最高）の9段階で評価要素別に評定された。また，5つの評価要素の平均値により総合評定値が算出された。評価要素では9段階評定のうち6以上の評定値を合格基準とした。ただし，内定辞退者の発生を見込んで，実際は面接評定値5以下であっても内定を得て入職した者がある程度存在した。なお，上述の通り，面接者による評価シートへの記述が不明瞭な場合はデータから除いた。

| 図表6-5 | 評定値の分布

評価要素	評定値	度数 面接者1	度数 面接者2	評価要素	評定値	度数 面接者1	度数 面接者2
社会人の態度	0	0	0	誠実さ	0	0	0
	1	1	4		1	2	0
	2	0	0		2	0	1
	3	23	28		3	17	36
	4	3	3		4	5	4
	5	101	100		5	96	91
	6	10	3		6	14	7
	7	34	36		7	36	34
	8	0	0		8	0	0
対人関係力	0	0	0	業績創出可能性	0	0	0
	1	1	1		1	0	1
	2	0	0		2	0	0
	3	15	22		3	17	26
	4	4	2		4	3	2
	5	97	105		5	90	95
	6	8	9		6	14	8
	7	46	34		7	45	33
	8	0	0		8	0	0
性格の適合度	0	0	0				
	1	1	2				
	2	0	1				
	3	27	32				
	4	2	4				
	5	84	82				
	6	6	11				
	7	50	42				
	8	0	0				

(2) 評価要素別の評価者間信頼性

面接者1による評価結果と面接者2による評価結果との一致度合いを評価要素別に算出した。その結果を係数別に**図表6-6**内(1)全職種の箇所に示した。

評価要素1「社会人の態度」について順位相関0.25（$p<0.001$）と弱い相関，Unweighted κ 0.14（$p<0.01$）と低い一致，Weighted κ 0.26（$p<0.001$）と低い一致が示された。評価要素2「対人関係力」について順位相関0.23（$p<0.01$）と弱い相関，Unweighted κ 0.08（非有意），Weighted κ 0.25（$p<0.01$）と低い一致が示された。評価要素3「性格の適合度」について順位相関0.41（$p<0.001$）と中程度の相関，Unweighted κ 0.19（$p<0.001$）と低い一致，Weighted κ 0.43（$p<0.001$）と中程度の一致を示した。評価要素4「誠実さ」について順位相関0.23（$p<0.01$）と弱い相関，Unweighted κ 0.12（$p<0.05$）と低い一致，Weighted κ 0.24（$p<0.01$）と低い一致が示された。評価要素5「業績創出可能性」については全ての係数で非有意だった。

以上の通り，いずれの評価要素でも強い水準での一致が見られなかったことが特徴的であった。つまり，面接者1と面接者2がそれぞれある程度独立した評価を同じ評価要素であっても行っていることが示唆された。

「社会人の態度」「対人関係力」「性格の適合度」「誠実さ」といった，いわばどのような人物かという評価については評価者間での一致がやや認められる箇所があったが，一方で，自社で業績を創出するかといった点にまで予測の範囲を拡張したときには評価者間で全く一致しない評価がなされていることが明らかになった。入職後の業績創出は就職試験の面接で最も着目すべき要素であるとも考えられるが，一致性が全くないことが示されたことは興味深い結果であった。

D社では上述の通り，合意形成型面接の形を採用していたが，実際の面接現場では合意形成が十分なされていないことがこれらの結果から明らかになった。

図表6-6内(1)全職種の箇所には「総合評定値」も示した。上述した通り，面接の評価者間信頼性研究には，総合評定値を用いる研究と評価要素別評定値を用いる研究とがあり，それぞれに利点がある。総合評定値を用いる方法では総括的に面接の有効性を評価できる利点があり，評価要素別評定値を用いる研究では要素分解によって原因の分析ができる利点がある。本章の研究ではそれ

図表6-6 評価要素別の評価者間信頼性

	社会人の態度	対人関係力	性格の適合度	誠実さ	業績創出可能性	総合評定値
(1)全職種						
順位相関	0.25 ***	0.23 **	0.41 ***	0.23 **	0.04 n.s.	0.34 ***
Unweighted κ	0.14 **	0.08 n.s.	0.19 ***	0.12 *	0.03 n.s.	0.01 n.s.
Weighted κ	0.26 ***	0.25 **	0.43 ***	0.24 **	0.03 n.s.	0.37 ***
(2)事務系採用						
順位相関	0.20 †	0.14 n.s.	0.34 **	0.24 *	-0.18 n.s.	0.21 †
Unweighted κ	0.11 n.s.	0.04 n.s.	0.19 **	0.15 *	0.00 n.s.	0.04 n.s.
Weighted κ	0.18 †	0.15 n.s.	0.39 ***	0.26 *	-0.20 †	0.22 *
(3)技術系採用						
順位相関	0.27 *	0.34 **	0.38 ***	0.21 †	0.30 **	0.45 ***
Unweighted κ	0.15 *	0.11 n.s.	0.16 *	0.07 n.s.	0.07 n.s.	-0.02 n.s.
Weighted κ	0.29 **	0.38 ***	0.39 ***	0.23 *	0.25 **	0.46 ***

† $p < 0.10$, * $p < 0.05$, ** $p < 0.01$, *** $p < 0.001$

らの両方の利点を得ることを目指して，評価要素別評定値による分析を主にしながら総合評定値による分析も行った。

　総合評定値について面接者1による評価結果と面接者2による評価結果との一致度合いを分析した結果，順位相関0.34（$p<0.001$）と弱い相関，Unweighted κ 非有意，Weighted κ 0.37（$p<0.001$）と低い一致が示された。総合評定値でも面接者1と面接者2はそれぞれ独立した評価を行っているか，または弱い相関・低い一致しか見られないものと解釈された。つまり，全体として面接者間の評価に一致性はそれほど見られず，それを評価要素に分解しても概ね傾向は変わらなかった。特に「業績創出可能性」という評価要素では全く一致が見られなかった点が特徴的であった。

　図表6-6内(2)事務系採用および(3)技術系採用の箇所には，就職活動生の志望職種について事務系と技術系に分けた結果も示した。

　評価要素1「社会人の態度」について事務系では全ての係数が有意傾向または非有意であり，有意な一致は得られなかった。つまり，面接者1と面接者2が同じ評価要素でもそれぞれ独自の基準で評価していることが示された。技術系では弱い相関・低い一致が示された。評価要素2「対人関係力」について事務系では全ての係数が非有意であった。技術系では Unweighted κ は非有意，他の係数では弱い相関・低い一致が示された。評価要素3「性格の適合度」について事務系・技術系ともに弱い相関・低い一致が示された。評価要素4「誠実さ」について事務系では弱い相関・低い一致が示された。技術系では Unweighted κ は非有意，他の係数で有意な係数は Weighted κ のみで低い一致が示された。評価要素5「業績創出可能性」について事務系では有意な一致は見られなかった。技術系では Unweighted κ は非有意，他の係数で弱い相関・低い一致が示された。

　つまり，事務系と技術系というように望ましい人材像が具体的にイメージされやすい単位に細分化してもなお，評価要素ごとの面接者1と面接者2の評価は少ししか一致していない，または全く一致していないことが示された。

　「業績創出可能性」については，事務系では唯一有意傾向を示した Weighted κ で -0.20という負の値が見られた。面接者同士が互いに逆の傾向を持って評定値を付していることが示唆された。

事務系採用と技術系採用の総合評定値について，事務系採用では唯一Weighted κ が有意であったが低い一致のみを示した。技術系採用ではUnweighted κ は非有意であった。順位相関は中程度の相関，Weighted κ は中程度の一致を示した。概して，技術分野などの要素分解がしやすい技術系のほうがやや一致度合いが高い結果が得られた。

(3) 評価要素の独立性

前項では面接者１による評価と面接者２による評価の一致性に着目したが，本項では評価要素間の独立性に着目した。例えば，「社会人の態度」を面接者が評価するときに，「対人関係力」とは別の構成概念としてそれを評価することができているのかどうか，という問題である（**図表6-7**）。

順位相関係数による分析結果を**図表6-8**に示した（同表内で網掛けのセルは同じ評価要素を示す）。行に面接者１による評価，列に面接者２による評価を示し，それらの関連について同表内の「(1)全職種」を対象にした分析結果を

図表6-7 評価要素の独立性が必要な理由（評価要素は例示）

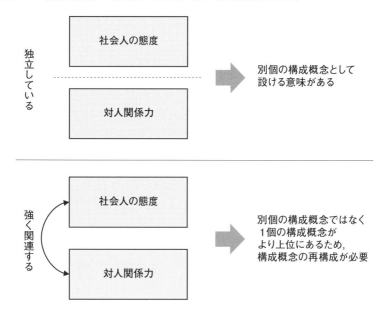

図表6-8 評価要素の独立性（順位相関係数）

(1)全職種	社会人の態度	対人関係力	性格の適合度	誠実さ	業績創出可能性
社会人の態度	0.25 ***	0.30 ***	0.28 ***	0.25 **	0.38 ***
対人関係力	0.19 *	0.23 **	0.26 ***	0.22 **	0.23 **
性格の適合度	0.17 *	0.14 †	0.41 ***	0.00 n.s.	0.24 **
誠実さ	0.08 n.s.	0.12 n.s.	0.02 n.s.	0.23 **	0.03 n.s.
業績創出可能性	0.16 *	0.16 *	0.11 n.s.	0.08 n.s.	0.04 n.s.

(2)事務系採用	社会人の態度	対人関係力	性格の適合度	誠実さ	業績創出可能性
社会人の態度	0.20 †	0.25 *	0.12 n.s.	0.26 *	0.23 *
対人関係力	0.03 n.s.	0.14 n.s.	0.07 n.s.	0.17 n.s.	-0.01 n.s.
性格の適合度	0.14 n.s.	0.19 †	0.34 **	-0.06 n.s.	0.08 n.s.
誠実さ	0.06 n.s.	0.11 n.s.	-0.02 n.s.	0.24 *	-0.05 n.s.
業績創出可能性	0.08 n.s.	0.15 n.s.	0.10 n.s.	0.02 n.s.	-0.18 n.s.

(3)技術系採用	社会人の態度	対人関係力	性格の適合度	誠実さ	業績創出可能性
社会人の態度	0.27 *	0.37 ***	0.33 **	0.25 *	0.42 ***
対人関係力	0.29 **	0.34 **	0.39 ***	0.27 *	0.41 ***
性格の適合度	0.13 n.s.	0.08 n.s.	0.38 ***	0.07 n.s.	0.31 **
誠実さ	0.11 n.s.	0.13 n.s.	0.04 n.s.	0.21 †	0.15 n.s.
業績創出可能性	0.25 *	0.18 n.s.	0.18 †	0.16 n.s.	0.30 **

† $p<0.10$, $^*p<0.05$, $^{**}p<0.01$, $^{***}p<0.001$

以下に述べた。

　評価要素 1「社会人の態度」についての面接者 1 と面接者 2 の評定間の順位相関は表内の網掛けのセルの0.25（$p<0.001$）であった。この0.25という値は，面接者 1 と面接者 2 が同じ「社会人の態度」という評価要素について同じ就職活動生を評価したデータから算出された値の一致度合いを示した。例えば，面接者 1 が「社会人の態度」について評価し，面接者 2 が「対人関係力」について評価した場合には，そもそも就職活動生について違う評価要素を評価しているのであるから「社会人の態度」－「社会人の態度」という同じ評価要素を評価したときの順位相関0.25よりも低い順位相関が得られることが当然と予想される。しかし，「社会人の態度」と「対人関係力」の順位相関を見ると0.25を上回る一致（0.30，$p<0.001$）を示した。それ以外にも0.25以上の一致を示した評価要素の対として「社会人の態度」－「性格の適合度」0.28，「社会人の態度」－「誠実さ」0.25，「社会人の態度」－「業績創出可能性」0.38があった。

　評価要素 2「対人関係力」について面接者間の順位相関は0.23（$p<0.01$）であった。他の評価要素との対で0.23以上を示したのは「対人関係力」－「性格の適合度」0.26，「対人関係力」－「業績創出可能性」0.23，「社会人の態度」－「対人関係力」0.30であった。

　評価要素 3「性格の適合度」について面接者間の順位相関は0.41（$p<0.001$）であった。他の評価要素との対で0.41以上を示したものは見られなかった。

　評価要素 4「誠実さ」について面接者間の順位相関は0.23（$p<0.01$）であった。他の評価要素との対で0.23以上を示したのは「社会人の態度」－「誠実さ」0.25であった。

　評価要素 5「業績創出可能性」について面接者間の順位相関は0.04（非有意）であった。他の評価要素との対で有意な順位相関を示したのは「社会人の態度」－「業績創出可能性」0.38，「対人関係力」－「業績創出可能性」0.23，「性格の適合度」－「業績創出可能性」0.24，「業績創出可能性」－「社会人の態度」0.16，「業績創出可能性」－「対人関係力」0.16であった。

　以上の結果を踏まえて，「性格の適合度」を除く 4 つの評価要素については同一の評価要素間の対よりも他の評価要素との対のほうが高い順位相関が示された。この傾向は事務系採用（図表 6 - 8 内「(2)事務系採用」）と技術系採用

面接者1

先ほど面接した佐藤くんだけども。評価結果はどういう感じ？そうだねぇ「業績創出可能性」のところは高く評価してもいいんじゃないかな。

え，そう感じられましたか？うちの部では業績創出は厳しいかなぁ…と。あんな感じの社員いるんですが漏れなく成績悪いパターンです。まぁいい子そうですけどねぇ。

面接者2

面接者1

いい子？ってどんな面で？

真面目そうですよね。受け答えは洗練された感じじゃなかったですが，真面目に考えてきて答えているなと。

面接者2

面接者1

うん。真面目で。そうだな，誠実な感じだったよね。ああいう真面目な社員が経験積めばお客さんからも信頼を得て結構売れるようになっていくんだから。

でも対人的な面でのコミュニケーションはうまいほうじゃない，というか下手ですよね。だから対人関係力や社会人の態度のところも低く採点しましたよ。

面接者2

面接者1

私はそのへんも高く採点したよ。あれぐらい下手なほうがお客さんから見たらかわいげがあるんだって。あれ。評価が割れたときってどうするんだっけ……

（同図表内「(3)技術系採用」）のそれぞれに限定した場合であっても概ね変わらなかった。よって，評価要素ごとに独立した評価がほぼなされていないことが明らかになった。

κ 係数による分析を行っても結果は順位相関係数とほぼ同じ結果であった。つまり，係数の別によらず，評価要素ごとに独立した評価がほぼなされていないことが明らかになった。

図表6-9は実際にD社でなされた面接とその後の面接者同士の会話場面をD社社員が録音したデータの一部である（細かな表現は趣旨が変わらない程度に筆者により変更した）。D社における面接者の迷いと面接者間の不一致性が如実に表れていた。

(4) MTMR行列

本項では，取締役a，取締役b，事業部長aa，事業部長abの4名の特定個人の面接者のデータに限定して，5つの評価要素を対象としたMTMR行列を作成した。特定個人の面接者に着目することによる標本サイズを考慮して事務系と技術系に分けずに全職種の就職活動生を対象にしてMTMR行列を作成した。順位相関係数によるMTMR行列を**図表6-10**，Unweighted κ 係数によるMTMR行列を**図表6-11**に示した。Weighted κ 係数は寛容な基準なため，本項の結果からは省いた。

ⓐ 異特性単一評価者行列の分析

第1に，直感的に理解しやすい異特性単一評価者行列から分析した。図表6-10で面接者aに着目するとき，評価要素1「社会人の態度」－評価要素2「対人関係力」の対では0.43を示した。このように異なる評価要素間の順位相関係数平均値を同表から算出すると，（0.43 ＋ 0.45 ＋ 0.45 ＋ 0.46 ＋ 0.39 ＋ 0.60 ＋ 0.48 ＋ 0.48 ＋ 0.29 ＋ 0.51）÷10＝0.45であった。そもそも，異なる評価要素からなる対の順位相関係数を扱っているのであるから，その平均値は零の近傍か負の値が望まれる。しかし，0.45という中程度の正の相関が得られた。全ての対で正の有意な順位相関係数が見られ，最大で0.60を示した。Unweighted κ についても同様の傾向が確認された。図表6-11から面接者aにおいて異な

図表6-10 MTMR行列（順位相関係数）

面接者	a 1 社会人の態度	a 2 対人関係力	a 3 性格の適合度	a 4 誠実さ	a 5 業績創出可能性	b 1 社会人の態度	b 2 対人関係力	b 3 性格の適合度	b 4 誠実さ	b 5 業績創出可能性	aa 1 社会人の態度	aa 2 対人関係力	aa 3 性格の適合度	aa 4 誠実さ	aa 5 業績創出可能性	ab 1 社会人の態度	ab 2 対人関係力	ab 3 性格の適合度	ab 4 誠実さ	ab 5 業績創出可能性
a 1		.43***	.45***	.45***	.46***						.32*	.39**	.24n.s.	.32*	.47**	.17n.s.	.57***	.35†	.30n.s.	.50*
a 2			.39**	.60***	.48***						.17n.s.	.34*	.16n.s.	.33*	.22n.s.	.25n.s.	.00n.s.	.05n.s.	-.03n.s.	.08n.s.
a 3				.48***	.29*						.00n.s.	.30*	.31*	-.01n.s.	.13n.s.	.23n.s.	.30n.s.	.23n.s.	.13n.s.	.24n.s.
a 4					.51***						.15n.s.	.27†	.30*	.33*	.21n.s.	.11n.s.	-.15n.s.	-.12n.s.	-.23n.s.	-.16n.s.
a 5											.27†	.34*	.50***	.35*	.31*	.00n.s.	.15n.s.	-.19n.s.	-.49*	-.46*
b 1							.49***	.40***	.41***	.35**	.33†	.13n.s.	.13n.s.	.36†	.19n.s.	.26n.s.	.15n.s.	.47**	-.01n.s.	.27n.s.
b 2								.33**	.07n.s.	.26*	.30n.s.	.20n.s.	.27n.s.	.53***	.37†	.12n.s.	.14n.s.	.35*	.02n.s.	.28†
b 3									.11n.s.	.29*	.03n.s.	.01n.s.	.44**	-.05n.s.	.24n.s.	.27†	.15n.s.	.62***	.04n.s.	.33*
b 4										.33**	.28n.s.	.33†	-.15n.s.	.24n.s.	-.10n.s.	.05n.s.	-.17n.s.	.13n.s.	.00n.s.	.02n.s.
b 5											.20n.s.	-.04n.s.	-.06n.s.	.01n.s.	-.10n.s.	.30†	.00n.s.	-.18n.s.	-.03n.s.	-.02n.s.
aa 1												.40***	.24*	.52***	.34**					
aa 2													.34**	.40***	.53***					
aa 3														.23†	.43***					
aa 4															.53***					
aa 5																				
ab 1																	.46***	.41***	.36**	.43***
ab 2																		.29	.49***	.40***
ab 3																			.24†	.51***
ab 4																				.38**
ab 5																				

†$p<0.10$, *$p<0.05$, **$p<0.01$, ***$p<0.001$

図表6-11 MTMR行列（Unweighted k係数）

面接者	a 1 社会人の態度	a 2 対人関係力	a 3 性格の適合度	a 4 誠実さ	a 5 業績創出可能性	b 1 社会人の態度	b 2 対人関係力	b 3 性格の適合度	b 4 誠実さ	b 5 業績創出可能性	aa 1 社会人の態度	aa 2 対人関係力	aa 3 性格の適合度	aa 4 誠実さ	aa 5 業績創出可能性	ab 1 社会人の態度	ab 2 対人関係力	ab 3 性格の適合度	ab 4 誠実さ	ab 5 業績創出可能性
a 1	-										.24*	.30**	.08n.s.	.17	.31**	.20**	.46***	.17n.s.	.07n.s.	.28*
a 2	.21*	-									.01n.s.	.04n.s.	.04n.s.	.07n.s.	.06n.s.	-.14n.s.	-.18n.s.	.00n.s.	.00n.s.	.11n.s.
a 3	.30***	.26**	-								.07n.s.	.12n.s.	.21*	-.06n.s.	.28**	.13n.s.	.11n.s.	.26†	.23†	.19n.s.
a 4	.27***	.37***	.22**	-							.16n.s.	.03n.s.	.20*	.20*	.09n.s.	-.19n.s.	-.11n.s.	.16n.s.	.11n.s.	.01n.s.
a 5	.30***	.38***	.18*	.39***	-						.07n.s.	.13n.s.	.14n.s.	.06n.s.	.11n.s.	-.15n.s.	-.10n.s.	.00n.s.	-.05n.s.	.13n.s.
b 1						-					.13n.s.	-.13n.s.	.05n.s.	.11n.s.	-.01n.s.	.03n.s.	.03n.s.	.09n.s.	-.06n.s.	.08n.s.
b 2						.31***	-				.15n.s.	.11n.s.	-.07n.s.	.29*	.13n.s.	.11n.s.	.12n.s.	.07n.s.	-.05n.s.	.07n.s.
b 3						.21**	.18*	-			.16n.s.	.03n.s.	.17n.s.	.11n.s.	.22†	.16n.s.	.07n.s.	.25**	.00n.s.	.19*
b 4						.21**	.03n.s.	.14*	-		-.05n.s.	.01n.s.	-.12n.s.	.05n.s.	-.03n.s.	-.02n.s.	-.07n.s.	-.01n.s.	-.01n.s.	.09n.s.
b 5						.16*	.20**	.12†	.22**	-	.05n.s.	-.13n.s.	.02n.s.	-.01n.s.	-.09n.s.	-.03n.s.	.04n.s.	-.17	-.07n.s.	.05n.s.
aa 1											-									
aa 2											.31**	-				.23**				
aa 3											.23**	.15*	-			.29***	.15†			
aa 4											.31***	.24***	.17*	-		.31***	.24***	.17*		
aa 5											.30***	.45***	.30***	.42***	-	.30***	.45***	.30***	.42***	
ab 1																-				
ab 2																.23**	-			
ab 3																.29***	.23**	-		
ab 4																.14†	.16*	.20**	-	
ab 5																.11n.s.	.25***	.08n.s.	.22**	-

†$p<0.10$, *$p<0.05$, **$p<0.01$, ***$p<0.001$

176

る評価要素間の Unweighted κ 係数の平均値を算出すると0.29であった。全ての対で正の有意な係数が見られ，最大で0.39を示した。

　以上から面接者 a は異なる評価要素であっても独立して評価するのではなく評価要素を問わずにある程度似たような評価を行ったことが示唆された。他の面接者（b，aa，ab）についても同様に分析すると，異なる評価要素間の平均値は面接者 b で順位相関平均値0.30，Unweighted κ 平均値0.18，面接者 aa で順位相関平均値0.40，Unweighted κ 平均値0.29，面接者 ab で順位相関平均値0.40，Unweighted κ 平均値0.19であった。よって，4名全ての面接者で，異なる評価要素を独立して評価するのではなく似たような評価を行ったことが示唆された。評価要素の弁別的妥当性について疑問が持たれる結果であった。各面接者は評価要素別というよりも全体的な印象による評価（ハロー効果による評価）を行っている可能性が示唆された。

ⓑ　単一特性異評価者行列の分析
　第2に，単一特性異評価者行列を分析した。図表6-10をもとに面接者 a と面接者 aa という2人の異なる評価者の組み合わせに着目した上で，同じ評価要素「社会人の態度」への評価の一致を見ると0.32の順位相関が示された（同表内網掛けのセル）。面接者 a－面接者 aa の組み合わせについて他の4つの評価要素における評価の一致も同表内の網掛けのセルから同様に見ると「対人関係力」0.34，「性格の適合度」0.31，「誠実さ」0.33，「業績創出可能性」0.31の順位相関が示された（全て5％水準で有意）。これらの5つの順位相関の平均値を算出すると0.32であった。図表6-11をもとに面接者 a－面接者 aa の組み合わせで Unweighted κ も同様に算出すると0.16であった。

　他の異なる面接者間の対でも同様に算出した。同一の評価要素について，面接者 a－面接者 ab の組み合わせにおける順位相関平均値 -0.06，Unweighted κ 平均値0.10，面接者 b－面接者 aa の組み合わせにおける順位相関平均値0.22，Unweighted κ 平均値0.07，面接者 b－面接者 ab の組み合わせにおける順位相関平均値0.20，Unweighted κ 平均値0.09であった。

　これらの4つの面接者の組み合わせ（a－aa，a－ab，b－aa，b－ab）から得られた順位相関平均値は a－aa，a－ab，b－aa，b－ab の順に上述

の通り0.32，-0.06，0.22，0.20であり，この4つの数値の平均値は0.17であった。同様に Unweighted κ平均値0.16，0.10，0.07，0.09の平均値は0.11であった。

　単一特性異評価者行列では同一の評価要素について異なる面接者の評定値が一致する（＝収束する）程度を見るものであった。つまり，高い一致が示されたときに面接者が誰であってもその個々人の属人的な癖などではなく同じ評価要素に則った評価がなされていると解釈されるものであった。しかし，上述の結果から，順位相関では0.17とほぼ相関なし，Unweighted κでは0.11と低い一致を示したことから，十分に収束するとは言えない水準と解釈された。

　この単一特性異評価者行列と異特性単一評価者行列とを比較した。順位相関係数について単一特性異評価者行列の平均値は0.17であったのに対して異特性単一評価者行列の平均値は0.39（4名の面接者の係数の平均値により算出した。つまり上述した0.45，0.30，0.40，0.40の平均値）であった。Unweighted κ係数について単一特性異評価者行列の平均値は0.11であったのに対して異特性単一評価者行列の平均値は0.24（上述の計算方法による平均値）であった。つまり，同一の評価要素に対する異なる面接者による評価値の一致性よりも，異なる評価要素に対する同一の面接者による評価値の一致性のほうが高いことが明らかになった。測定される構成概念は同一の評価要素であれば同一であることから，単一特性については異評価者であっても，ある程度の係数の高さが得られるはずであり，それは異なる特性を同一評価者が評価した場合，すなわち測定される構成概念が異なる場合よりも高くなることが期待される。しかし，それとは逆の結果であった。評価が同一評価要素内で十分に収束しないこと，つまり収束的妥当性が十分に確保されていないことが示された。

ⓒ　異特性異評価者行列の分析

　第3に，異特性異評価者行列を分析した。図表6-10と図表6-11をもとに異なる面接者間で異なる評価要素の対の順位相関と Unweighted κの平均値を算出した。順位相関と Unweighted κの順に，面接者 a－面接者 aa の組み合わせで0.26，0.12，面接者 a－面接者 ab の組み合わせで0.10，0.05，面接者 b－面接者 aa の組み合わせで0.16，0.05，面接者 b－面接者 ab の組み合わせで0.14，0.03であった。それら全ての平均値は順位相関で0.16，Unweighted κで

| 図表6-12 | MTMR行列による分析結果の要約

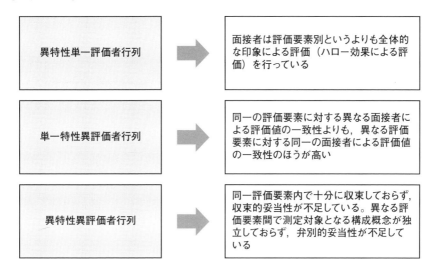

異特性単一評価者行列 → 面接者は評価要素別というよりも全体的な印象による評価（ハロー効果による評価）を行っている

単一特性異評価者行列 → 同一の評価要素に対する異なる面接者による評価値の一致性よりも，異なる評価要素に対する同一の面接者による評価値の一致性のほうが高い

異特性異評価者行列 → 同一評価要素内で十分に収束しておらず，収束的妥当性が不足している。異なる評価要素間で測定対象となる構成概念が独立しておらず，弁別的妥当性が不足している

0.06であった。

　この異特性異評価者行列は単一特性異評価者行列に比べて，測定される構成概念が異なるため低い値が得られるはずである。しかし，順位相関で0.17（単一特性異評価者行列）−0.16（異特性異評価者行列），Unweighted κ で0.11（単一特性異評価者行列）−0.06（異特性異評価者行列）とほぼ変わらなかった。つまり，評定が同一評価要素内で十分に収束しておらず，収束的妥当性が不足していると同時に，異なる評価要素間で測定対象となる構成概念が独立しておらず，弁別的妥当性も不足していることが示された。

　以上のMTMR行列による分析結果の要約を**図表6-12**に示した。

4　面接改革

　以上の結果はD社にとって衝撃的なものであった。採用実務担当者は「うちの会社では構造化面接を長年導入してきた。面接では評価シートを配布して評価のポイントも詳しく説明している。それなのになぜ…」という反応であった。

　D社では就職試験時のデータ取扱に関する規定を踏まえて採否決定以外の目

的に面接データを用いることができなかったため，本章の実証分析においては合格者のみのデータを扱った。範囲制限が結果に影響を与えた可能性もあるが，本章で示した通り，ある程度の分布が見られた上での結果であったためD社では大きな驚きと落胆とともに上述の結果が受け止められた。

　本節ではこの結果をD社がどのように受け止め，その後の課題解決を行ったのかを解説する。

(1)　理論通りにいかない本番のリアリティ

　D社はいわば教科書通りの採用面接を行っていた。活躍する社員の特性をインタビュー調査で明らかにし，要素分解して面接の評価要素を上述の5つに定めた。5つがどのような特性か，どのような質問をするのか，質問はどのような順序でなされるのが望ましいかの例まで解説した面接シートを作成・配布した。つまり，面接における評定内容や質問を標準化し，面接者にあらかじめ付与する構造化面接を導入していた。

　それにもかかわらず，満足のいく分析結果が得られなかった。この課題を生んだ背景について，D社は面接者，人事部，専門家を交えてディスカッションを行った。その際，まず，採用面接の実施主管部署である人事部から課題を生んだ背景についての考察が示された。

　人事部は，評価要素に定められた構成概念が混在しており面接者に十分理解されていないことを課題として挙げた。そもそも5つの評価要素が十分独立せずに関連し合っているため，独立したいくつかの評価要素を新たに作り直す必要性についても触れた。また，将来の予測を行う「業績創出可能性」の評価要素については，現在の人柄を評価する他の評価要素と異なり，評価が難しいことを課題として挙げ，将来の予測をするのに足りるだけの十分な質問項目のリストや評価例を定めて面接シートに含めることも提案した。つまり，人事部は面接の構造化をさらに緻密に行っていくことで課題解決を図ろうとした。

　しかし，面接者が所属する事業部はこの人事部案に懐疑的であった。たとえ綺麗に独立した評価要素が定められたとしても，それはあくまでも活躍する社員の特性を分解しただけあって，就職活動を行っている学生の応答をその評価要素のどれに分類して，どのように評価するかは別の問題ではないか，という

指摘がなされた。事業部の面接者によると，質問を就職活動生に投げかけたときに質問の意図にしっかりとあてはまるエピソードが語れるのは，自己PR・志望動機・学生時代に力を入れたこと，という，いわゆる面接3大質問ぐらいであるということだった。一方で，それら以外の質問項目，例えば，評価要素「社会人の態度」に該当する質問項目としてあらかじめ面接シートに定められたものを就職活動生に投げかけると，微妙に会話がすれ違うことのほうが多いということだった。

　その背景にはいくつかの要因があることが指摘された。圧倒的に多く指摘されたのは就職活動生が事前に面接対策で用意してきたエピソードは数少ないため，5つの評価要素に紐づく数多くの質問に対して答えるための素材が少なく，質問に対して答えるよりも就職活動生が持っている限られたエピソード素材をその場で半ば強引に質問に寄せて回答しているとうかがえることであった。さらに，質問に対する就職活動生の理解が不十分なままに回答されること，学生ならではの発話力・語彙力の乏しさ，その場の緊張もあわせて質問と応答がずれてしまうことが多いことも指摘された。その結果，本来「社会人の態度」を測定することを狙った面接者側の質問に対して，「対人関係力」や「性格の適合度」など多くの評価要素に関わるような形で1つの質問への応答が返ってくることが多くなった。このような応答を評価せざるを得ない面接者は，複数の評価要素に一度に加点せざるを得なくなる。評価要素別の独立性が見られないという分析結果となったのはそのような背景があるのではないか，ということが指摘された。

　つまり，活躍する社員の特性を明確化するという作業はインタビュー調査をした後に時間をかけて要素分解していく作業であるのに対して，就職試験の面接場面では時間が限られていることに加えて，相手である就職活動生が要素分解的に話すとは限らず，就職活動生から発話されるランダムとも言えるようなすれ違いの会話の中から評価要素ごとに評価を行うことは実際上難しいことが指摘された。採用側企業が理論通りに面接を設計しても，就職活動生は理論通りに応答してくるわけではない，ということであった。微妙に会話がすれ違う就職活動生を全員不合格にすれば採用予定人数に間に合わなくなってしまうことも懸念された。教科書通りの理論が実践場面ではそのまま活かされず，D社

は理論と実践の間の大きな溝にはまってしまっていた。

(2) 理論と実践のはざまを埋める

　このように理論通りに実践が進まないことを認識した上でD社は以下のような対策をとった（**図表6-13**）。

　第1に，形式知化を諦めて暗黙知の共有に大きく方向転換した。評価要素やそれに紐づく質問を細かく定義した面接シートの精緻化を諦めた。面接シートがどれだけ精緻になっても限られた時間で評価するのには限界を伴うし，そもそも就職活動生の応答が面接シートの構造に沿ったものではないことのほうが多いという実態を踏まえて，短時間で望ましい人材像に合致する就職活動生かどうかを判断できるような方法を検討した。具体的には，就職試験本番時の面接での質疑応答の様子を文字起こしした上で，面接での応答内容と入職後の職務成果との関連を追跡調査した。それによって，どのような面接での応答内容を高く評価するべきなのかを明らかにした。D社ではそれを「面接ケーススタディ」としてまとめた。

　面接ケーススタディが数多く蓄積されていくと評価要素を詳細に定義して，評価のための質問項目を数多く記載した精緻な面接シートを作成したくなるも

▎図表6-13▎理論と実践のはざまを埋める実践知とその効果

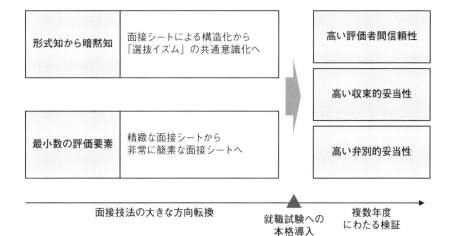

のだが，D社ではその方法はとらなかった。それを行ってもまた二の舞になると考えたからである。精緻な面接シートを作成する労力を割かないかわりに，面接ケーススタディを用いた面接者トレーニングを徹底することにした。

　上述の通り，取締役と事業部長が最終面接を担当する。これらの多忙な人たちも漏れなくそのトレーニングに参加することにした。これは採用する人材が自社の将来の戦力を決めるという経営判断に基づくものであった。

　トレーニングを積み重ねていくことで，面接者は「こういう応答をする学生を採用したい」「逆にこういう応答をする学生には注意をしたほうがいい」という「自社の選抜イズム」の共通意識を醸成していった。紙に印刷された面接シートを見ながら行う面接とは異なり，意識の内部に刷り込まれたその共通意識は短い面接時間で就職活動生を選抜するのに非常に役立った。

　第2に，評価要素を大幅に減らした。自社の選抜イズムの共通意識を暗黙知として共有するとしても手ぶらで面接するのはさすがに無理があると判断したD社では，それまで5つであった評価要素を2つに絞り込んだ。究極的にこれだけは絶対に譲れないという評価要素のみに限定したのであった（内容は機密保護上公開できない）。結果として面接シートは従来のように精緻に作りこまれたものではなく非常に簡素なものになった。

　D社ではこれらの検討に基づいた新たな面接方法を実際の新規学卒者向けの就職試験で導入した。導入後，毎年度面接データを分析した。その結果，2つの評価要素の独立性が確保された。2つの重要な評価要素に絞り込んだとしてもそれらの評価要素間で高い相関がある場合にはさらに背後にある1つの特性を評価している可能性もあるが，D社の場合そのような課題は該当せず，2つの評価要素が適切に測定されたことが確認された。

　2つの評価要素のそれぞれについて，2人の面接者の評価値の一致（評価者間信頼性）も高く確保された。評価要素が何を指すか，面接シートを見ずとも共通意識化されたからであった。収束的妥当性も大幅に高まった。面接者が異なっても同じ就職活動生に対する同じ評価要素の評価結果は劇的に安定するようになった。あわせて弁別的妥当性も大幅に高まった。

　D社ではその後も継続して面接の信頼性・妥当性を高めるための実践を積み重ねた。いい面接とは何かという一見漠然とした問いに対して，評価者間信頼

性を高める，独立性の高い評価要素を設ける，収束的妥当性と弁別的妥当性を高めるという具体的目標を設けたこと，さらに教科書通りの理論だけでは実践がうまくいかないときにどうするかという，理論と実践のはざまを埋める方向に舵を切ったことから，理論知と実践知のどちらのメリットも享受できるようになったのである。

5　企業実践への具体策

　本章では，リサーチクエスチョン3「わが国の企業で実施された就職試験の本番時の評価要素別評定法に基づく面接において評価者間信頼性が認められるか」を検討した。その結果，D社では評価者間信頼性が低いことが明らかになった。

　それを踏まえて，アクション3「評価要素別評定法に基づく面接において評価者間信頼性を高める方法を検討し，実践後の成果を示す」ことに取り組んだ。その結果，D社では評価者間信頼性を大幅に高めることに成功した。あわせて収束的妥当性・弁別的妥当性も高めることに成功した（**図表6-14**）。

　以上を踏まえて，企業実践への具体策を本節では述べる。これまで筆者はD社に限らず，面接の信頼性・妥当性研究と企業実践を数多く手がけてきた。そ

│ **図表6-14** │ **リサーチクエスチョンとアクションの検討結果**

リサーチクエスチョン3		評価要素が独立しておらず， 面接者の属人的評定が横行した結果， 評価者間信頼性が低かった
わが国の企業で実施された就職試験の本番時の評価要素別評定法に基づく面接において評価者間信頼性が認められるか		

アクション3		教科書通りの面接から脱して 評価者間信頼性が大幅に高まった
評価要素別評定法に基づく面接において評価者間信頼性を高める方法を検討し，実践後の成果を示す		

ステップ1	チェックリスト
インタビュー調査	✓ 人事評価基準と接続されたか ✓ 評価要素の数が多すぎないか ✓ 活躍する社員の特性をほぼそのまま聞こうとしていないか

ステップ2	チェックリスト
面接者トレーニング	✓ 面接者間で採るべき人材と採るべきではない人材のイメージが共有されたか ✓ 形式知化にこだわりすぎていないか

ステップ3	チェックリスト
評価の癖のチェック	✓ 評価者間信頼性は高いか ✓ 評価要素の独立性は高いか ✓ 収束的妥当性・弁別的妥当性は高いか ✓ 各面接者の評価の癖を分析して伝えたか

こで得られた実践知も紹介しながら，読者が属する会社でも「実際にやれる」「やってみよう」と思えるような形で具体策を以下に述べる。

　読者が属する会社において面接の信頼性・妥当性を高めるための流れを，わかりやすく**図表6-15**のステップとステップ別のチェックリストで示した。

　ステップ1では，就職試験の面接で評価すべき特性を洗い出すことを目的としてインタビュー調査を行う。社内で中核的役割を担う社員を対象にして，どのような特性に着目して面接を行えば入職後の職務成果に繋がるのかを調査する。このとき当然ながら人事評価基準も参照され，就職試験の選抜基準との接続が図られる。D社で実施されたように，面接時の応答を文字起こしして，その後の職務成果との関連を検証する手続きを用いることも有効である。

　ここで重要なのは，特性を洗い出した後，あれもこれも必要ということになって全ての評価要素を面接しようとしないことである。D社で見られたように5つの評価要素ですら多い可能性がある。面接という短時間での選抜作業で測定可能な評価要素の数は当初思っているよりもかなり少ない。

　活躍する社員の特性をほぼそのまま聞こうとしても成功しない。活躍する社

員の特性は職場という舞台装置があり，そこでの特性を分解したものである。就職活動生がその枠組みに則って話すことはないため，結局就職試験の本番環境では面接者の属人的判断や好みによる評価がまかり通る結果となる。面接での測定という観点から活躍する社員の特性を再構築しなければならないのである。

　評価要素が複数の人材タイプ別に設けられることもある。ある人材タイプではこれを，別の人材タイプではこれを，というように評価要素を分ける方法である。その場合でも自社で働く上での共通的評価要素が設けられることが一般的である。

　ステップ２では，面接者トレーニングを行う。面接者トレーニングは実務的には大変骨が折れる作業になる。なぜなら，面接者は事業部の中核的社員であり，こういった社員ほど特に多忙なのである。なお，面接者に中核的社員ではない者が任命されている場合にはそこから見直すべきである。エース級の器はエース級にしかわからないこともあるためだ。自社の組織構成員と将来の戦力を決定する就職試験での選抜にコミットすることは事業部にとってもメリットをもたらすため，精緻で多くの評価要素が含まれる面接シートを作成する労力のかわりに面接者トレーニングに労力を割く。

　人事部はこれまでに採用した者が就職試験において面接でどのように発話し，入職後どのような活躍を示したか，についてまとめたケースをあらかじめ大量に作成しておく必要がある。そのケースをもとに面接者が採るべき人材と採るべきではない人材のイメージを共有していく。ここで形式知化にこだわりすぎて全てを書類に落とし込もうとするのではなく，面接という短時間で選抜作業を完了しなければならない本番環境ならではの制約条件を踏まえて，イメージが共有されることをゴールにすることが重要である。

　ステップ３では，評価者間信頼性，評価要素の独立性，収束的妥当性・弁別的妥当性の高さを定量的に確認する。評価要素を中核部分のみに絞り込んだ場合，その中核部分についての信頼性・妥当性を確認する。

　ここで重要なのは，面接者へのフィードバックを行うことである。面接者は事前に面接者トレーニングを受けているものの，各人によって評価の癖がどうしてもある。多特性多評価者（MTMR）行列を用いて，面接者がどのような

特性を甘くまたは厳しく評価しがちなのか，他の面接者との評価傾向がどの点で異なりがちなのか，などを面接者に毎年度フィードバックすることが重要である。面接しっぱなしではなく，そのフィードバックによって面接者が内省し，面接者が毎年度の面接経験から学習していくことで組織としての面接能力がどんどん上がっていく。

　エントリーシートや適性検査に関する章でも触れた，就職試験における就職活動生による虚飾・演出的応答は面接でも見られる。しかし，毎年度の振り返りとフィードバックを行うことで虚飾・演出的応答にもいくつかのパターンが見えてくることが多い。就職活動生による虚飾・演出的応答が面接で見抜けないと嘆いている企業は，毎年度コロコロと面接者を変えており，個人および組織としての経験学習が進んでいない。面接者トレーニングも行っておらず，面接シートに頼り切りなのである。

　毎年度，評価の癖をチェックして，面接者にフィードバックを行っている企業では学生のどのような発話が入職後の働きぶりに繋がるのかについてのイメージが形成されている。そういった企業では虚飾・演出的な就職活動生の応答に対して「あ，こういう学生が会社に入った後，苦労していたな」「こういうことを言っている学生って実際はそれほど経験がないんだよな」などという解釈が面接の場でなされるのである。

第 **7** 章

就職選抜論の意義

　最終章の本章では，まえがきで述べた本書のそれぞれの想定読者に対して，就職選抜論が貢献できることをまとめとして述べる。

(1)　経営層・人事担当役員

　経営層・人事担当役員には，自社の経営基盤である人材構成が毎年度着々と整えられているのか，それとも逆に衰退しているのかをチェックするための指針として本書をお使いいただきたい，と述べた。毎年度入社してくる新入社員は輝いており，今後の成長を楽しみに感じるものである。そんな輝きに満ちた新入社員ではあるが，入社してしばらく経つと活躍する人と伸び悩む人とに分かれていく。入社した瞬間はあれだけ可能性に満ち溢れているように輝いて見えた新入社員であっても3年後，5年後，10年後と時間が経つにつれて職場の問題を引き起こす元凶になることもある。経営層・人事担当役員はその問題解決に多くの時間をとられてしまう。その間，競合他社はどんどん業績を伸ばしていく。コンペで出会う競合他社の活躍社員を見て，なぜ自社にはこのような人材がいないのだろうかと嘆くこともある。

　これらの問題は根源的には人材開発や人事評価の問題ではない。就職試験の選抜の問題である。就職試験の選抜を人事部や担当者任せにした結果，自社の人員構成が毎年度見えないところから歪んでいく。目の前に見えるのはやる気に満ちた就職活動生や新入社員ではあるが，実は毎年度のお祭り的な新卒採用

活動で自社で活躍する可能性が不明な学生が大量採用されているという影があるかもしれないことに気づくべきである。

　就職活動生は様々な将来の可能性を秘めている。その可能性が生かせるかどうかは自分に適したフィールドで働けるかどうかにかかっている。野球が得意な人をサッカーのフィールドに駆り立ててはいけない。本当に自社で活躍できるのかを見極めなければならない。自社で活躍できなさそうだからといってその就職活動生がどこにいっても活躍できないというものではない。他のフィールドで十分輝くことができるかもしれないのだ。つまり、就職選抜論を踏まえていない新卒採用活動によって、その就職活動生の可能性を奪ってしまっているかもしれない。

　就職試験の選抜がなされる前段階で、どれだけ大学生に向かって自社の広報宣伝を行っても、また後段階でどれだけ新入社員研修や職場でのOJT（On the Job Training）を充実させても、活躍できないフィールドに間違って入ってきてしまった者のボタンのかけ違いはその後も大きな問題になる。学生が社会人になるという変容のタイミングである就職試験において、そのボタンをしっかりとかけることは組織の将来に経営責任を持ち、採用した人材の職業人生に責任を持つ経営層・人事担当役員の責務である。そのために具体的になすべきことまで本書では解説した。ぜひ参考にしていただきたい。

(2)　採用実務担当者

　採用実務担当者には、就職試験での選抜についてこれまで抱えていたもやもやとした課題をどう定義し、どう解決すればいいのかを示す道標・ガイドブックとして本書をお読みいただきたい、と述べた。活躍人材を採用したいと強く願って日々汗を流しているのは採用実務担当者である。しかし、わが国の企業ではジョブローテーションが広く行われているため、他部署から採用部署への異動によって、就職試験における選抜理論をじっくりと学ぶ機会に十分に恵まれずに、将来の人員構成を決定づける新卒採用という重責を担う方が少なくない。その結果、新卒採用業者が独自に提唱する理論を鵜呑みにしてしまったり、研究者が書いた本の理論をそのまま実践しようとして、例えば、構造化面接を教科書通りに捉えて実際は評価不能な面接シートを作成してしまったり、事業

部で培った経験・勘を頼りにした属人的・経験的な方法で突っ走ってしまったりする。

　本来，採用実務担当者として持つべきなのは，長年の知が結集された結果，人間の特性がどのように理解・測定できるのか，そして就職試験の選抜場面でそれがどれだけ可能で，どのような限界があるのか，という知識である。その知識があれば，例えばエントリーシートの自由記述文の分析に人工知能を導入しようという議題になっても，もやもやとした議論をせずに，まず人工知能という道具の議論の前に，文章にはどのような特徴量があり，そこからどのような特性が把握できるのかを明確にするのが先だ，という発展的な議論ができる。どの適性検査の市販商品がいいかという議論になっても，どの商品が知的能力研究やパーソナリティ研究の歴史を踏まえているのかを見る目が備わり，見せかけのアルファ係数や見せかけの安定性の課題に気づき，自社に適した適性検査とは何かを考えることができる。

　事業部で培った経験と勘を頼りにした方法で突っ走る採用実務担当者は，短期的には問題がない。その経験と勘を培う基盤となっている事業部の業績が好調であれば，である。しかし，変化の激しいVUCA（Volatility, Uncertainty, Complexity, Ambiguity）時代の経営において，特定の事業部での経験と勘だけを頼りに将来の自社全体の人員構成を定めるリスクは大きい。その事業部で活躍する社員像だけを頼りにして新卒採用をし続けると，その事業部が主力でなくなったときやその事業部のビジネスが変わっていくときに活躍できる人材像とズレてしまう。偏った採用によって自社の人員構成を経営リスクにしてしまうことさえある。事業部での成功体験が大きければ大きいほど自分に都合の良い理論ばかりを選び，都合の良い業者とばかり付き合っているだけで理論と実践が両立されたと勘違いしてしまう。しかし，本書が説明した通り，就職試験の選抜論は多岐にわたっている。偏った理論知識だけで突っ走ってしまうことは経営リスクを自ら生んでしまいかねない。

　本書では採用実務担当者が拠って立つ理論の知識を整理した。採用実務を遂行する上では，まずその理論の理解・習得を目指されたい。次に自社での実践を目指す。その時に使えるのが第4章から第6章の各章で述べたステップ別のチェックリストである。自社での検討にぜひお使いいただきたい。

(3) 面接者

　面接者には，自分の好みや属人的な評価がどう生まれるのか，それがどういう問題に帰結するのか，そして何に気を付ければいいのかを体系的に学ぶマニュアルとして本書をお読みいただきたい，と述べた。面接者の多くは，業務で忙しい中，人事部に呼ばれて新卒採用にかり出された方々であろう。現場で活躍している面接者は，自分は人を見る目を持っており，少し話せば大体わかると考えている人が少なくない。これまで職場で接してきて活躍しそうだなと思った人は大体伸びているし，その逆もそうであったという経験がその自信を裏付けている。

　しかし，思い出してほしい。自分が担当した部下で，職場では活躍できずに退職した者が別の会社で意気揚々と頑張っているということもある。ソーシャルメディアや業界紙などで新天地での活躍を見かけ，意外だなと思う反面，自分が見きれていなかった面があったのかなとも感じる。また，競合他社とのコンペや取引先からの紹介で会う，いわゆる嫌いな人でビジネスを一緒にしたくないとあなたが感じる人であっても，その人が属する職場では高く評価されて部下を抱えており，その人にはその人なりのネットワークや勝ち方があるのである。つまり，自分が関わる日々の職場という狭い世界で培った「人を見る目」は万能ではないということだ。人の可能性は多様であり，あなたが活躍できないと思う人でも，他のフィールドや他のやり方ではしっかり活躍していることも多々ある。

　特に就職試験の選抜では，相手となる就職活動生は仕事をしたことがない学生である。一緒に仕事をしたことがある部下・同僚であっても判断を誤ることがあるのだから，仕事をそもそもしたことがない人への「人を見る目」はさらに高度な判断力が求められる。このような難しい選抜場面では，自分が培った「人を見る目」をさらにレベルアップさせなければならない。

　自分の好みや属人的な評価だけで人員構成をすることのリスクに気付き，何に気を付けて面接を行えばよいのかについての理論と実践を本書では体系的に述べた。特に本書の第1章，第2章，そして第6章を面接で就職活動生と対峙する前にぜひお読みいただきたい。

⑷　**研究者**

　研究者には，採用・選抜研究，トランジション研究で大きな先行研究の課題となる，就職試験の本番環境での選抜場面に関する研究として本書をお読みいただきたい，と述べた。本書の実証分析で「大学生」と「社会人」との中間時点にある「就職試験の本番環境での選抜」が十分に機能していないことを示した。もちろん，これがわが国の全ての企業にあてはまるものではない。そもそもわが国の就職試験の本番環境において提出されたエントリーシート，適性検査，面接をデータとして用いた学術研究が非常に少ないことを踏まえて，本書の実証研究を一助として，今後わが国の企業の実態と課題についての議論が本格化されることを願っている。

　本書が示した通り，同じ特性を大学生時点で持つ者であっても，就職試験の選抜でそれがたまたま評価された者と評価されなかった者が発生する。例えば，同じ学生に対する同じ評価要素への面接評価が面接者によって一致しないことを本書で実証的に示した。このちぐはぐな結果によって，それらの者の入職後の職務が別々に決定されることがある。自分の特性が就職試験で正しく評価されてその特性に合った職務に配属された者と，就職試験で不運にも特性を見抜けない面接者にあたってしまってその特性が評価されずにその特性に本来合わない職務に配属された者とでは，当然職務満足などの入職後の意識・行動レベルに差異が生じることになる。このような場合に，大学生時点での特性と社会人時点での変数だけを取り上げて比較するだけでは，トランジションの深奥に迫ることはできない。

　企業は新卒採用活動に大変な労力をかけて各社様々な工夫を施している。しかし，だからといって選抜が適切になされていると結論付けるのは早計である。そこには本書が示したような課題が隠れており，それを実証的に明らかにするのが研究者に託された役割とも言える。採用・選抜研究が昨今学術界で盛んに論じられ始めているが，就職選抜論も今後構成要素として本格的に含まれていくべきである。就職試験の本番環境における選抜の問題に目を向けることで，大学生から社会人への変容における課題と求められる施策がさらに明らかになるものと考える。

(5)　就職活動生を含む大学生・大学院生

　就職活動生を含む大学生・大学院生には，企業の人的資源管理の１つとしての採用管理の学術理論と事例を学ぶ教科書としてお読みいただきたい，と述べた。それに加えて，真偽が不確かな就職活動業界の情報に流されることなく，エントリーシートは何のためになされているのか，適性検査とは何を測定しようとしているのか，面接はどのような仕組みで実施されるのかを知ることで，確かな知識と歩みをもとに就職活動を生き抜いて欲しいこと，そして，就職試験の裏側を知るというような安易な考え方ではなく，そもそも就職試験における選抜とは何なのか，そこで何がなされるべきなのか，その上で就職活動生として何をすべきで何をすべきではないのか，を理論的・実践的に考える基盤として本書を読んでいただきたい，とも述べた。

　就職活動で時間をかけて書くエントリーシートが，実は曖昧で属人的な基準で評価されてしまっていること，適性検査や面接が，実は信頼性・妥当性に課題を抱えていることについて意外に感じた学生も多いだろう。書店に行けばエントリーシートはこう書くべき，適性検査はこう受けるべき，面接ではこういう話をするべきという本が散乱している。企業側に明確な理論知と実践知がないままに就職試験での選抜が行われているからこそ，書店に散乱するような様々な言説が可能になってしまっているのである。

　自分の職業人としての将来を決定する就職活動を不確かな言説に委ねるのではなく，そもそも採用管理とは何なのか，人事評価との関連など人的資源管理との関係性はどのような姿が本来望まれるのか，就職試験の選抜における要件とは本来何が求められるのかなどの知識をもとに就職活動を行うことで納得度の高い仕事選びに繋がるはずである。

　以上，想定読者別に就職選抜論が貢献できることについて述べた。就職試験の歴史を見てわかる通り，1840年代に米国でなされた評価者間信頼性の議論が2020年代のわが国でも蒸し返されるなど，人材の選抜における唯一の正解はないが，試行錯誤をしながら少しずつ前に進むしかない。

　本書を通して，就職活動生のより良い就職と良い職業人生，企業の将来の競争力を高める人員構成に繋がるより良い就職試験での選抜が，わが国で広く実

現されることを願う。

あとがき

　本書は，筆者が2006年から経営した企業での実践事例をもとにしながら，東京工業大学大学院社会理工学研究科，立命館大学大学院人間科学研究科，東京大学大学院情報学環，名古屋大学大学院経済学研究科などでの学術研究を行い，就職選抜論として理論化・体系化したものである。

　筆者は2006年に「人事を科学する」という経営方針のもと，wealth share株式会社（現・株式会社エスディージーズ本郷）を創業した。あれから約15年経った今，若年労働者の早期離職が問題となり，組織社会化，ジョブクラフティング，従業員と会社とのエンゲージメントなどが盛んに議論されている。それでもなお，就職試験の本番環境における選抜場面でのボタンのかけ違いがリアリティをもって十分に論じられることはほぼない。そこで，2006年からの約15年間に刊行した様々な学術論文と企業実践事例をもとにして，「就職選抜論」として知見を取りまとめて本書を出版することにした。

　本書を執筆する上でベースとなった約15年間の理論研究と実践活動は，数多くの方の支援のもとに成り立っている。桃山学院大学経営学部三輪卓己教授からは本書の出版に際して多大なご支援を賜った。三輪先生からは企業実務家出身の研究者の大先輩として日頃様々なご指導やご配慮をいただき，感謝してもしきれない。三輪先生との出会いがなければ，筆者が大学研究者になることも本書が世に出ることもなかったと思う。立命館大学大学院人間科学研究科髙橋潔教授からは2018年からご指導を賜っている。就職試験の選抜研究，人事評価研究，組織行動論研究のわが国の第一人者から指導を受ける機会が得られたことは，研究者のキャリアの中で最大の幸運の１つである。本書の内容の一部にも髙橋先生から賜った研究指導と視座が活かされている。東京工業大学工学院中山実教授からは2008年から2014年まで大学院修士課程・博士課程で研究指導をいただいた。それまで筆者は企業での実践活動を行っていたため，学術研究

の素地が全くない状態であったが，中山先生の緻密な学術研究に触れる機会を
いただいたことが大きな転換点となった。学術研究の道をお示しいただいた中
山先生のおかげで，企業を経営しながら博士の学位を取得することができ，そ
の後の学術研究業績を積み上げることができた。同研究室では企業実務家出身
の研究者の大先輩として信州大学名誉教授山本洋雄先生との出会いもいただい
た。山本先生には折を見てアドバイスをいただいており，励みにさせていただ
いている。東京大学大学院情報学環山内祐平教授には2019年から共同研究・受
託研究プロジェクトに参加する機会をいただいている。プロジェクトを通して
従来から実践活動を行っていたパーソナリティ分野について，学術研究という
形での成果発表をすることができ，研究者としての大きな飛躍の場をいただい
た。同プロジェクトにお誘いいただいた立教大学経営学部助教田中聡先生にも
感謝申し上げる。

　株式会社ビジネスプロデュース森功有代表取締役社長からは実践面で大変な
ご支援を賜った。実践場面で人事を科学する活動ができたのは森社長によると
ころが大きい。株式会社レイル須古勝志代表取締役社長からも実践面で大変な
ご支援を賜った。同社が販売する「マルコポーロ」に筆者は研究開発面におい
て関わりをもたせていただいているが，「マルコポーロ」を通した協働からの
学びは計り知れない。その他にも，様々な実践活動の場をいただいた取引先企
業の方々にこの場を借りて御礼申し上げたい。

　本書の出版にあたっては中央経済社納見伸之編集長に大変お世話になった。
納見編集長には15年間あたためていた就職選抜論を書籍として世に出す機会を
いただけた。深く感謝申し上げる。

付　記

　　第4章，第5章，第6章の実証分析では，本書の著者が筆者である以下の学術論文または書籍のデータを一部のみにおいて用いているが，本書においては新たなデータを加えて，大幅に分析結果と考察を加筆し，全体を再構成したものである。

　鈴木智之（2020）大学生が就職活動で提出する就業希望文の採用面接成績・パーソナリティ尺度との基準関連妥当性の評価。日本教育工学会誌，43(4)，299-311。

　鈴木智之（2015）第5章雇用を工夫する―国内企業A社。上林憲雄・三輪卓己（編），ケーススタディ　優良・成長企業の人事戦略（pp.161-204）。税務経理協会。

　鈴木智之（2016）面接評定要素に着目した採用選考面接の評価者間信頼性の実証分析。日本労務学会誌，17(1)，19-35。

A

秋元波留夫（1965）日本精神医学全書第2巻診断．金原出版．

Allport, G. W., & Odbert, H. S. (1936) Trait-names: A psycho-lexical study. *Psychological Monographs*, 47(1), i-171.

天野郁夫（1984）就職と大学．慶伊富長（編），大学評価の研究．東京大学出版会．

天野郁夫（1986）試験と学歴－努力信仰を超えて．リクルート出版部．

天野郁夫（2007）増補 試験の社会史－近代日本の試験・教育・社会．平凡社．

安藤公平（1974）608 小論文採点法の一検討．日本教育心理学会総会発表論文集, 16(0), 492-493.

青木孝悦（1971）性格表現用語の心理-辞典的研究－455語の選択, 分類および望ましさの評定．心理学研究, 42(1), 1-13.

Ashford, S. J., & Black, J. S. (1996) Proactivity during organizational entry: The role of desire for control. *Journal of Applied Psychology*, 81(2), 199–214.

Ashforth, B. E., Sluss, D. M., & Saks, A. M. (2007) Socialization tactics, proactive behavior, and newcomer learning: Integrating socialization models. *Journal of Vocational Behavior*, 70(3), 447–462.

Arvey, R. D., & Campion, J. E. (1982) The employment interview: A summary and review of recent research. *Personnel Psychology*, 35(2), 281-322.

B

Baron, R. A. (1987) Interviewer's moods and reactions to job applicants: The influence of affective states on applied social judgements. *Journal of Applied Social Psychology*, 17(10), 911-926.

Barrick, M. R., & Mount, M. K. (1991) The Big Five personality dimensions and job performance: A meta-analysis. *Personnel Psychology*, 44(1), 1-26.

Bass, B. M. (1951) Situational tests: I. Individual interviews compared with leaderless group discussions. *Educational and Psychological Measurement*, 11, 67-75.

Bettman, J. R. & Weitz, B. A. (1983) Attributions in the board room: Causal reasoning in corporate annual reports. *Administrative Science Quarterly*, 28(2), 165-183.

Bowman, E. (1976) Strategy and weather. *Sloan Management Review*, 17, 49-62.

Bowman, E. (1978) Strategy, annual reports, alchemy. *California Management Review*, 20(3), 64-71.

Burstein, J., Kukich, K., Wolff, S., Lu, C., Chodorow, M., Braden-Harder, L, & Harris, M. D. (1998) Automated scoring using a hybrid feature identification technique. *Proceedings of the Annual Meeting of the Association of Computational Linguistics*, Canada.

Byrne, D. E. (1971) *The attraction paradigm*. New York: Academic Press.

C

Carroll, J. B. (1993) *Human cognitive abilities: A survey of factor-analytic studies*. Cambridge: Cambridge University Press.

Cattell, R. B. (1943) The description of personality: Basic traits resolved into clusters. *The Journal of Abnormal and Social Psychology*, 38(4), 476-506.

Chase, C. I. (1968) The impact of some obvious variables on essay test scores. *Journal of Educational Measurement*, 5(4), 315-318.

Chase, C. I. (1979) The impact of achievement expectations and handwriting quality on scoring essay tests. *Journal of Educational Measurement*, 16(1), 39-42.

Chen, C. V., Lee, H., & Yeh, Y. Y. (2008) The antecedent and consequence of person-organization fit: Ingratiation, similarity, hiring recommendations and job offer. *International Journal of Selection and Assessment*, 16(3), 210-219.

Christie, R., & Geis, F. L. (1970). *Studies in machiavellianism. 1st edition*. New York: Academic Press.

中央教育審議会（2014）新しい時代にふさわしい高大接続の実現に向けた高等学校教育，大学教育，大学入学者選抜の一体的改革について―すべての若者が夢や目標を芽吹かせ，未来に花開かせるために．中央教育審議会答申．

Conway, J. M. (1996) Analysis and design of multitrait - multirater performance appraisal studies. *Journal of Management*, 22(1), 139-162.

Conway, J. M., Jako, R. A., & Goodman, D. F. (1995) A meta-analysis of interrater and internal consistency reliability of selection interviews. *Journal of Applied Psychology*, 80(5), 565-579.

Cooper, P. L. (1984) The assessment of writing ability: A review of research. *ETS Research Report Series*, i-46.

Cortina, J. M., Goldstein, N. B., Payne, S. C., Davison, H. K., & Gilliland, S. W. (2000) The incremental validity of interview scores over and above cognitive ability and conscientiousness scores. *Personnel Psychology*, 53(2), 325-351.

D

大学入試センター（2018）大学入学共通テストの導入に向けた試行調査（プレテスト）（平成29年11月実施分）の結果報告．大学入試センター．

D'Aveni, R. A., & Macmillan, I. C. (1990) Crisis and the content of managerial communications: A study of the focus of attention of top managers in surviving and failing firms. *Administrative Science Quarterly*, 35(4), 634-657.

Dipboye R. L., & Gaugler B. B. (1993) Cognitive and behavioral processes in the selection interview. In N. Schmitt, W. C. Borman. (Eds.), *Personnel selection in organizations*. San Francisco: Jossey-Bass.

E

海老原嗣夫（2015）なぜ7割のエントリーシートは，読まずに捨てられるのか？―人気企業

の「手口」を知れば，就活の悩みは 9 割なくなる．東洋経済新報社.

Elder, C., Barkhuizen, G., Knoch, U., & Randow, J. V.（2007）Evaluating rater responses to an online training program for L2 writing assessment. *Language Testing*, 24（1），37-64.

F

Ferguson, L. W.（1961）The development of industrial psychology. In B. V. Haller Gilmer（Ed.），*Industrial psychology*. New York: McGraw-Hill.

藤島寛・山田尚子・辻平治郎（2005）5 因子性格検査短縮版（FFPQ−50）の作成．パーソナリティ研究, 13（2），231-241.

古本裕子（2013）就職活動における自己 PR 文の談話分析．日本語教育方法研究会誌, 20（1），80-81.

古田貴久（2008）受験参考書に見る小論文試験の目的と評定構造の関係．日本教育工学会論文誌, 32（2），231-239.

G

Garcia, M. F., Posthuma, R. A., & Colella, A.（2008）Fit perceptions in the employment interview: The role of similarity, liking, and expectations. *Journal of Occupational and Organizational Psychology*, 81（2），173-189.

Goldberg, L. R.（1990）An alternative "description of personality": The Big-Five factor structure. *Journal of Personality and Social Psychology*, 59（6），1216-1229.

Goldberg, L. R.（1992）The development of markers for the Big-Five factor structure. *Psychological Assessment*, 4（1），26-42.

Gosling, S. D., Rentfrow, P. J., & Swann, W. B., Jr.（2003）A very brief measure of the Big-Five personality domains. *Journal of Research in Personality*, 37（6），504–528.

Grant, A. M., & Ashford, S. J.（2008）. The dynamics of proactivity at work. *Research in Organizational Behavior*, 28，3-34.

Graves, L. M., & Powell, G. N.（1996）Sex similarity, quality of the employment interview and recruiters' evaluation of actual applicants. *Journal of Occupational and Organizational Psychology*, 69（3），243-261.

Guilford, J. P.（1967）*The nature of human intelligence*. New York: McGraw-Hill.

Guilford, J. P., Christensen, P. R., Bond, N. A., Jr., & Sutton, M. A.（1954）A factor analysis study of human interests. *Psychological Monographs: General and Applied*, 68（4），1-38.

Gulliksen, H.（1950）*Theory of mental tests*. New York: John Wiley & Sons.

H

浜口恵俊（1979）日本人にとってキャリアとは—人脈のなかの履歴．日本経済新聞社.

Hamp-Lyons, Liz.（1991）*Assessing second language writing in academic contexts*. Norwood: Ablex Publishing.

Hamp-Lyons, Liz.（2007）Worrying about rating. *Assessing Writing*, 12（1），1-9.

原芳男・矢野眞和（1975）人材の独占—企業と大学．中央公論・経営問題夏季号.

Hare, R. D.（2003）*Manual for the revised psychopathy checklist. 2nd edition.* Toronto: Multi-Health Systems.

Harris, W. H.（1977）Teacher response to student writing: A study of the response patterns of high school English teachers to determine the basis for teacher judgement of student writing. *Research in the Teaching of English*, 11（2）, 175-185.

橋本泰央・小塩真司（2018）対人特性とビッグ・ファイブ・パーソナリティ特性との関連―メタ分析による検討. パーソナリティ研究, 26（3）, 294-296.

Hogan, T. P.（2007）*Psychological testing: A practical introduction. 2nd edition.* New York: John Wiley & Sons.

本多ハワード素子・入吉礼菜（2014）求職者の人物評価に影響するエントリーシートのストーリー性と自己呈示方略. 昭和女子大学生活心理研究所紀要, 16, 11-19.

堀正広（2009）英語コロケーション研究入門. 研究社.

保坂亨・中澤潤・大野木裕明（2000）心理学マニュアル―面接法. 北大路書房.

星かおり（2016）若年就労者の仕事満足に対するプロアクティブ行動の効果についての検討. パーソナリティ研究, 25（2）, 123-134.

Hough, L. M.（1992）The "Big Five" personality variables - construct confusion: Description versus prediction. *Human Performance*, 5（1-2）, pp.139-155.

Hough, L. M., Barge, B. N., Houston, J. S., McGue, M. K., & Kamp, J. D.（1985）Problems, issues, and results in the development of temperament, biographical, and interest measures. *Annual Meeting of the American Psychological Association.* Los Angeles.

Howard, J. L., & Ferris, G. R.（1996）The employment interview context: Social and situational influences on interviewer decisions. *Journal of Applied Social Psychology*, 26（2）, pp.112-136.

Huffcutt, A. I., Roth, P. L., & McDaniel, M. A.（1996）A meta-analytic investigation of cognitive ability in employment interview evaluations: Moderating characteristics and implications for incremental validity. *Journal of Applied Psychology*, 81（5）, 459-473.

Hunter, J. E., & Hunter, R. F.（1984）Validity and utility of alternative predictors of job performance. *Psychological Bulletin*, 96（1）, 72-98.

I

池田央（1973）心理学研究法 8 ―テスト 2. 東京大学出版会.

池田央（1992）テストの科学―試験にかかわる全ての人に. 日本文化科学社.

庵功雄（2012）新しい日本語学入門―ことばのしくみを考える第二版. スリーエーネットワーク.

Isaka, H.（1990）Factor analysis of trait terms in everyday Japanese language. *Personality and Individual Differences*, 11（2）, 115-124.

石田基広（2008）Rによるテキストマイニング入門. 森北出版.

石田基広・小林雄一郎（2013）Rで学ぶ日本語テキストマイニング. ひつじ書房.

石井巌（1981）「論文試験」とその評価について. 行動計量学, 8（1）, 22-29.

石岡恒憲（2008）小論文およびエッセイの自動評価採点における研究動向. 人工知能学会誌

, 23(1), 17-24.

石岡恒憲（2012）作文テストにおけるコンピュータ利用と自動採点―最新技術と今後の方向.
コンピュータ＆エデュケーション, 32, 22-28.

IT Media（2017）ソフトバンクが新卒の「ES選考」をAIに任せた理由. http://www.
itmedia.co.jp/business/articles/1708/29/news011.html（閲覧日 2019年2月13日）

岩佐一・吉田祐子（2018）中高年における「日本版Ten-Item Personality Inventory」
(TIPI-J) の標準値ならびに性差・年齢差の検討. 日本公衆衛生雑誌, 65(7), 356-363.

岩内亮一（1980）学歴主義は崩壊したか―実態調査にみる人材管理. 日本経済新聞社.

J

Janz, T.（1982）Initial comparisons of patterned behavior description interviews versus
unstructured interviews. *Journal of Applied Psychology*, 67(5), 577-580.

John, O. P., Naumann, L. P., & Soto, C. J.（2008）Paradigm shift to the integrative Big
Five trait taxonomy: History, measurement, and conceptual issues. In O. P. John, R. W.
Robins, & L. A. Pervin（Eds.）, *Handbook of personality: Theory and research. 3rd
edition.* New York: The Guilford Press.

Jonason, P. K., & Webster, G. D.（2010）The dirty dozen: A concise measure of the dark
triad. *Psychological Assessment*, 22(2), 420-432.

Judge, T. A., & Bono, J. E.（2001）Relationship of core self-evaluations traits - self-esteem,
generalized self-efficacy, locus of control, and emotional stability - with job satisfaction
and job performance: A meta-analysis. *Journal of Applied Psychology*, 86(1), 80-92.

K

上林憲雄・厨子直之・森田雅也（2010）経験から学ぶ人的資源管理. 有斐閣.

金井壽宏・髙橋潔（2004）組織行動の考え方. 東洋経済新報社.

苅谷剛彦・本田由紀（2010）大卒就職の社会学―データからみる変化. 東京大学出版会.

川本哲也・小塩真司・阿部晋吾・坪田祐基・平島太郎・伊藤大幸・谷伊織（2015）ビッグ・
ファイブ・パーソナリティ特性の年齢差と性差―大規模横断調査による検討. 発達心理学
研究, 26(2), 107-122.

風間喜代三・上野善道・松村一登・町田健（2004）言語学第二版. 東京大学出版会.

喜田昌樹（1999）日本の電機企業における経営成果の原因帰属―表象主義的認知的組織科学
にむけて. 大阪学院大学流通・経営科学論集, 25(2), 2393-2424.

喜田昌樹（2007）組織革新の認知的研究―認知変化・知識の可視化と組織化学へのテキスト
マイニングの導入. 白桃書房.

金明哲（2007）Rによるデータサイエンス. 森北出版.

金明哲（2009）テキストデータの統計科学入門. 岩波書店.

Kipnis, D., Schmidt, S. M., & Wilkinson, I.（1980）Intraorganizational influence tactics:
Explorations in getting one's way. *Journal of Applied Psychology*, 65(4), 440–452.

北研二・津田和彦・獅々堀正幹（2002）情報検索アルゴリズム. 共立出版.

北見由奈・茂木俊彦・森和代（2009）大学生の就職活動ストレスに関する研究―評価尺度の

作成と精神的健康に及ぼす影響．学校メンタルヘルス，12(1)，43-50.

Klein, J.（2002）The failure of a decision support system: Inconsistency in test grading by teachers. *Teaching and Teacher Education*, 18(8)，1023-1033.

Kline, T. J. B.（2005）*Psychological testing: A practical approach to design and evaluation.* Thousand Oaks: SAGE Publications.

小島弥生（2006）自己呈示としての就職活動に関する探索的研究—準備活動，日常生活での自己呈示スタイルおよび評価欲求の影響について．埼玉学園大学紀要人間学部篇，6，59-70.

小島弥生（2007）就職活動に影響を与える要因の検討(1)—日常の自己呈示に着目して．埼玉学園大学紀要人間学部篇，7，89-102.

小島弥生（2009）就職活動に影響を与える要因の検討(2)—失敗経験の記述に着目して．埼玉学園大学紀要人間学部篇，9，57-68.

Kondo-Brown, K.（2002）A FACETS analysis of rater bias in measuring Japanese second language writing performance. *Language Testing*, 19(1)，3-31.

小杉礼子（2010）若者と初期キャリア—「非典型」からの出発のために．勁草書房．

L

Latham, G. P., Saari, L. M., Pursell, E. D., & Campion, M. A.（1980）The situational interview. *Journal of Applied Psychology*, 65(4)，422-427.

Lumley, T., & McNamara, T. F.（1995）Rater characteristics and rater bias: Implications for training. *Language Testing*, 12(1)，54-71.

Lynch, E. C.（1968）Walter Dill Scott: Pioneer industrial psychologist. *The Business History Review*, 42(2)，149-170.

M

松岡弘（2000）初級を教える人のための日本語文法ハンドブック．スリーエーネットワーク．

McCrae, R. R., & Costa, P. T.（1987）Validation of the five-factor model of personality across instruments and observers. *Journal of Personality and Social Psychology*, 52(1)，81-90.

McCrae, R. R., & Costa, P. T.（1989）Different points of view: Self-reports and ratings in the assessment of personality. In J.P. Forgas, & J.M. Innes（Eds.），*Recent advances in social psychology: An international perspective*. North-Holland: Elsevier Science Publishers.

McDaniel, M. A., Whetzel, D. L., Schmidt, F. L., & Maurer, S. D.（1994）The validity of employment interviews: A comprehensive review and meta-analysis. *Journal of Applied Psychology*, 79(4)，599-616.

Mendenhall, T. C.（1887）The characteristics curves of composition. *Science*, IX, 237-249.

Mendenhall, T. C.（1901）A Mechanical Solution of a Literary Problem. *Popular Science Monthly*, 60，97-105.

Mischel, W.（1968）*Personality and assessment*. New York: Wiley.

宮崎市定（1987）科挙史．平凡社．

水井正明（1997）採用担当者のための面接官マニュアル．日本能率協会マネジメントセンター．

Morrison, E. W.（1993). Newcomer information seeking: Exploring types, modes, sources, and outcomes. *The Academy of Management Journal*, 36(3), 557–589.

村上宣寛・村上千恵子（2008）主要5因子性格検査ハンドブック改訂版．学芸図書．

N

長尾真（1996）自然言語処理．岩波書店．

中原淳・溝上慎一（2014）活躍する組織人の探求―大学から企業へのトランジション．東京大学出版会．

日本テスト学会（2007）テスト・スタンダード―日本のテストの将来に向けて．金子書房．

二村英幸（2003）面接選考の構造化に関する研究―信頼性と妥当性向上への取り組み．日本テスト学会第1回大会研究発表論文集, 73-74.

二村英幸（2005）人事アセスメント論―個と組織を生かす心理学の知恵．ミネルヴァ書房．

二村英幸・今城志保・内藤淳（2000）管理者層を対象とした性格検査・知的能力検査の妥当性のメタ分析と一般化．経営行動科学, 13(3), 159-167.

二村英幸・村井智恵子（1999）採用選考における作文評価．経営行動科学学会年次大会発表論文集(2), 56-62.

O

O'Boyle, E. H., Jr., Forsyth, D. R., Banks, G. C., & McDaniel, M. A.（2012）A meta-analysis of the Dark Triad and work behavior: A social exchange perspective. *Journal of Applied Psychology*, 97(3), 557-579.

尾形真実哉（2016）若年就業者の組織適応を促進するプロアクティブ行動と先行要因に関する実証研究．経営行動科学, 29(2・3), 77-102.

小川憲彦（2012）組織社会化戦術とプロアクティブ行動の相対的影響力―入社1年目従業員の縦断的データからドミナンス分析を用いて．法政大学イノベーション・マネジメント研究センターワーキングペーパーシリーズ, 121, 1-40.

オールポート W. G.（1982）ジェニーからの手紙―心理学は彼女をどう解釈するか（青木孝悦・萩原滋訳）．新曜社．

大沢武志（1989）採用と人事測定―人材選抜の科学．朝日出版社．

大沢武志・芝祐順・二村英幸（2000）人事アセスメントハンドブック．金子書房．

大塚雄作（2018）ユニバーサル段階の大学入試改革の動向と課題―「公正性」に依拠する共通試験改革の課題を中心に．リメディアル教育研究, 12(0), 9-14.

小塩真司・阿部晋吾・カトローニ ピノ（2012）日本語版 Ten Item Personality Inventory（TIPI-J）作成の試み．パーソナリティ研究, 21(1), 40-52.

P

Pearlman, K., Schmidt, F. L., & Hunter, J. E.（1980）Validity generalization results for tests used to predict job proficiency and training success in clerical occupations. *Journal of Applied Psychology*, 65(4), 373-406.

Posthuma, R. A., Morgeson, F. P., & Campion, M. A. (2002) Beyond employment interview validity: A comprehensive narrative review of recent research and trends over time. *Personnel Psychology*, 55(1), 1-81.

Prewett-Livingston, A. J., Field, H. S., Veres, J. G. III, & Lewis, P. M. (1996) Effect of race on interview ratings in a situational panel interview. *Journal of Applied Psychology*, 81 (2), 178-186.

R

Raskin, R. N., & Hall, C. S. (1979) A narcissistic personality inventory. *Psychological Reports*, 45(2), 590.

労働政策研究・研修機構 (2007) 大学生と就職―職業への移行支援と人材育成の視点からの検討. 労働政策研究報告書No.78.

Ryan, T. A., & Johnson, B. R. (1942) Interest scores in the selection of salesmen and servicemen: Occupational vs ability-group scoring keys. *Journal of Applied Psychology*, 26(4), 543-562.

Ryle, G. (1949) *The concept of Mind*. Chicago: University of Chicago Press.

Rynes, S. L. & Gerhart, B. (1990) Interviewer assessments of applicant "fit": An exploratory investigation. *Personnel Psychology*, 43(1), 13-35.

S

鶯坂由紀子・二村英幸・山岸建太郎 (2001) 採用選考における作文評価―達成動機測定の試み. 経営行動科学, 14(3), 153-159.

佐久間淳一・加藤重広・町田健 (2004) 言語学入門. 研究社.

Salgado, J. F. (1997) The five factor model of personality and job performance in the European Community. *Journal of Applied Psychology*, 82(1), 30-43.

佐々木政司 (1993) 組織社会化過程における新入社員の態度変容に関する研究―幻滅経験と入社8か月後の態度・行動の変化. 経営行動科学, 8(1), 23-32.

Savickas, M. L. (1999) The transition from school to work: A developmental perspective. *The Career Development Quarterly*, 47(4), 326-336.

Schmidt, F. L., Hunter, J. E., & Caplan, J. R. (1981) Validity generalization results for two job groups in the petroleum industry. *Journal of Applied Psychology*, 66(3), 261-273.

下井俊典 (2010) 信頼性―相対信頼性と絶対信頼性. 理学療法科学学会第5回リサーチ研究会発表資料.

下仲順子・中里克治・権藤泰之・高山緑 (1998) 日本版NEO-PI-Rの作成とその因子的妥当性の検討. 性格心理学研究, 6(2), 138-147.

小学館デジタル大辞泉, 小学館.

Soto, C. J., John, O. P., Gosling, S. D., & Potter, J. (2011) Age differences in personality traits from 10 to 65: Big Five domains and facets in a large cross-sectional sample. *Journal of Personality and Social Psychology*, 100(2), 330-348.

総務省統計局（2019）政府統計e-stat（閲覧日2019年12月24日）.

Spearman, C.（1904）"General intelligence," objectively determined and measured. *The American Journal of Psychology*, 15(2), 201-292.

Srivastava, S., John, O. P., Gosling, S. D., & Potter, J.（2003）Development of personality in early and middle adulthood: Set like plaster or persistent change? *Journal of Personality and Social Psychology*, 84(5), 1041-1053.

Staw, B. M., McKechnie, P. I., & Puffer, S. M.（1983）The justification of organizational performance. *Administrative Science Quarterly*, 28(4), 582-600.

Strauss, J. P., Barrick, M. R., & Connerley, M. L.（2001）An investigation of personality similarity effects（relational and perceived）on peer and supervisor ratings and the role of familiarity and liking. *Journal of Occupational and Organizational Psychology*, 74 (5), 637-657.

Strong, E. K. Jr.（1943）*Vocational interest of men and women*. Stanford: Stanford University Press.

鈴木智之（2013）採用選考面接の予測的妥当性の実証分析－国内Ａ社を事例として. 日本労務学会誌, 14(2), 4-26.

鈴木智之（2014a）新規学卒者の採用選考面接の信頼性及び妥当性に関する実証研究. 日本経営工学会春季大会, 150-151.

鈴木智之（2014b）新規学卒者採用選考面接の予測的妥当性に関する基礎的検討. 日本労務学会第44回全国大会研究報告論集, 275-282.

鈴木智之（2015）採用選考面接の評価者間信頼性の実証分析－係数の複眼的検討と２群化による分析. 日本労務学会誌, 16(2), 36-59.

鈴木智之（2021）大学生時の意識が営業成果に与える影響の予備的研究. 日本教育工学会, 2021年秋季全国大会講演論文集.

T

Taber, B. J., & Blankemeyer, M. S.（2015）Time perspective and vocational identity statuses of emerging adults. *The Career Development Quarterly*, 63(2), 113-125.

平直樹（1995）物語作成課題に基づく作文能力評価の分析. 教育心理学研究, 43(2), 134-144.

平直樹・江上由美子（1992）ESSAY TESTの方法論的諸問題に関する研究の動向について. 教育心理学研究, 40(1), 108-117.

髙橋潔（2009）コンピテンシー概念の効用と限界. 山口裕幸（編）, 朝倉実践心理学講座第６巻コンピテンシーとチーム・マネジメントの心理学. 朝倉書店.

髙橋潔（2010）人事評価の総合科学－努力と能力と行動の評価. 白桃書房.

髙橋潔（2014）採用選考における公正理論の役割. 國民經濟雜誌, 209(5), 17-30.

髙橋潔・西田直史（1994）知的能力検査に関する妥当性一般化－メタ分析による結果. 産業・組織心理学研究, 8(1), 3-12.

高橋美保・石津和子・森田慎一郎（2014）大学生の就職活動経験が精神健康に及ぼす影響－失敗観とレジリエンスに注目して. 東京大学大学院教育学研究科紀要, 54, 335-343.

竹内洋（1981）競争の社会学一学歴と昇進．世界思想社．

竹内洋（1995）日本のメリトクラシー―構造と心性．東京大学出版会．

田村紋女・小塩真司・田中圭介・増井啓太・ジョナソン ピーターカール（2015）日本語版 Dark Triad Dirty Dozen（DTDD-J）作成の試み．パーソナリティ研究，24(1)，26-37.

舘野泰一・中原淳・木村充・保田江美・吉村春美・田中聡・浜屋祐子・高崎美佐・溝上慎一（2016）大学での学び・生活が就職後のプロアクティブ行動に与える影響．日本教育工学会論文誌，40(1)，1-11.

適性試験委員会（2007）法科大学院統一適性試験テクニカル・レポート2006．商事法務．

Terracciano, A., McCrae, R. R., Brant, L. J., & Costa, P. T., Jr.（2005）Hierarchical linear modeling analyses of the NEO-PI-R Scales in the Baltimore Longitudinal Study of Aging. *Psychology and Aging*, 20(3), 493-506.

冨田正利・越川房子（1996）入試成績と大学成績の関連―小論文の導入はその目的を果たしているか．日本教育心理学会第38回総会発表論文集，測定・評価2-PD10，495.

都澤真智子・二村英幸・今城志保・内藤淳（2005）一般企業人を対象とした性格検査の妥当性のメタ分析と一般化．経営行動科学，18(1)，21-30.

辻平治郎・藤島寛・辻斉・夏野良司・向山泰代・山田尚子・森田義宏・秦一士（1997）パーソナリティの特性論と５因子モデル―特性の概念，構造，および測定．心理学評論，40(2)，239-259.

辻村明（1981）戦後日本の大衆心理―新聞・世論・ベストセラー．東京大学出版会．

U

内田照久（2002）音声の発話速度が話者の性格印象に与える影響．心理学研究，73(2)，131-139.

梅崎修・田澤実（2013）大学生の学びとキャリア―入学前から卒業後までの継続調査の分析．法政大学出版局．

宇佐美慧（2013）論述式テストを通した評価と選抜の信頼性に関わる諸要因の影響力についての定量的比較検討．日本教育工学会論文誌，36(4)，451-464.

V

Van Maanen, J.（1976）Breaking in: Socialization to work. In R. Dubin（Ed.）*Handbook of work, organization and society*. Chicago: Rand McNally College Publishing.

W

和田さゆり（1996）性格特性用語を用いたBig Five尺度の作成．心理学研究，67(1)，61-67.

綿巻徹（1997）自閉症児における共感獲得表現助詞「ね」の使用の欠如―事例研究．発達障害研究，19(2)，146-157.

渡部洋・平由美子・井上俊哉（1988）小論文評価データの解析．東京大学教育学部紀要，28，143-164.

Weigle, S. C.（1994）Effects of training on raters of ESL compositions. *Language Testing*, 11(2), 197-223.

Weigle, S. C.（1998）Using FACETS to model rater training effects. *Language Testing*, 15
(2)，263-287.

Weigle, S. C.（2002）*Assessing writing*. Cambridge: Cambridge University Press.

Williams, J. S., Gray, L. N., & von Broembsen, M. H.（1976）Proactivity and reinforcement:
The contingency of social behavior. *Small Group Behavior*, 7(3)，317–330.

Y

Yamagata, S., Suzuki, A., Ando, J., Ono, Y., Kijima, N., Yoshimura, K., Ostendorf, F.,
Angleitner, A., Riemann, R., Spinath, F. M., Livesley, W. J., & Jang, K. L.（2006）Is the
genetic structure of human personality universal?: A cross-cultural twin study from
North America, Europe, and Asia. *Journal of Personality and Social Psychology*, 90(6)，
987–998.

山本洋雄・中川英世・中山実・清水康敬（1998）入社時試験と訓練成績による10年後の給与
査定の予測性と判別力．日本教育工学雑誌, 22(2)，109-118.

柳田明子・村上英樹・西村剛（2012）大学生採用における能力識別に関する実験的考察―航
空会社の一例．國民經濟雜誌, 206(5)，49-63.

Yu, K. Y. T., & Cable, D. M.（2014）*The Oxford handbook of recruitment*. New York:
Oxford University Press.

214

著者紹介

鈴木 智之（すずき ともゆき）

名古屋大学大学院経済学研究科産業経営システム専攻准教授
名古屋大学経済学部経営学科准教授

慶應義塾大学総合政策学部卒業。東京工業大学大学院社会理工学研究科修士課程，同博士課程修了。博士（工学）・人間行動システム専攻。
アクセンチュア株式会社マネジャー，wealth share株式会社代表取締役，東京大学大学院情報学環特任准教授などを経て現職。
主な著書に『ワークプレイス・パーソナリティ論—人的資源管理の新視角と実証—』（東京大学出版会，2023年。日本の人事部HRアワード2023書籍部門入賞），『絶望と苦悩の職場からのブレイクスルー—世界の性格心理研究が明かす逆境への生存戦略—』（中央経済社，2023年）など。
最新の研究動向は以下の鈴木智之研究室ウェブサイトを参照。
https://suzukilabo.com/

本書の受賞歴：
・経営行動科学学会賞（優秀事例賞）
・日本の人事部HRアワード2022書籍部門入賞

就職選抜論
──人材を選ぶ・採る科学の最前線──

2022年 4 月25日　第 1 版第 1 刷発行
2024年 6 月25日　第 1 版第 2 刷発行

著　者　鈴　木　智　之
発行者　山　本　　　継
発行所　㈱中央経済社
発売元　㈱中央経済グループ
　　　　パブリッシング

〒101-0051　東京都千代田区神田神保町1-35
電話　03(3293)3371(編集代表)
　　　03(3293)3381(営業代表)
https://www.chuokeizai.co.jp
印刷／㈱堀内印刷所
製本／誠　製　本㈱

© 2022
Printed in Japan

いま新しい時代を切り開く基礎力と応用力を兼ね備えた人材
が求められています。
このシリーズは，各学問分野の基本的な知識や標準的な考え
方を学ぶことにプラスして，一人ひとりが主体的に思考し，
行動できるような「学び」をサポートしています。

教員向けサポート
も充実！

ベーシック＋専用HP

中央経済社